U0945168

ICH UND DU

我与你

Martin Buber

[德] 马丁·布伯 著

徐胤 译

天津出版传媒集团

天津人民出版社

译序

作为20世纪上半叶最为重要的宗教哲学家之一，马丁·布伯（1878—1965）对西方人文学科，尤其是哲学、宗教学和社会学的重大影响无需赘言。1923年出版的《我与你》是他的代表作，也被作者本人称为“我的第一部毕生之作”；书中所主张的“对话原则”，一举奠定了布伯作为思想家在学界的重要地位。就此，著名学者沙洛姆·本-科林（Schalom Ben-Chorin）评价道：“对话哲学在20世纪哲学中留下了不可磨灭的印记，而它最著名的代表人物就是马丁·布伯。”

然而即便是在西方，这一切也并非水到渠成。在布伯逝世后的二十五年里，其思想的重要性虽然广受认可，却始终未能自成一派，即便是在以色列也鲜有人问津。但可喜的是，进入90年代后，布伯思想的价值在多方面得到了发掘。尤其是从 2010 年起，德国杜塞尔多夫大学启动了 21 卷马丁·布伯作品集的编纂工作，迄今为止已经出版 15 卷。

自 20 世纪 80 年代末被译介到中国之后，《我与你》也引起了中国学者的关注。例如，北京大学张世英教授曾撰文评价道：布伯的见解对于片面地陶醉于主体认识客体和征服客体的我国思想文化界来说，应有振聋发聩的现实意义。更为可喜的是，布伯的思想不仅在哲学和宗教学界得到了肯定，它在心理学、教育学和文化学上的价值也正在被逐步发掘。

毫无疑问，《我与你》受成书年代所限，书中的些许思想或许有陈腐之嫌；但作为一部经典之作，它带给我们的启发却永不过时。本书有着浓重的思辨色彩，“人”与“关系”是它思考的重心。“我”和“你”之间的关系，既是人与上帝的关系，更是人与人、人与物、人与自身的相处之道。只要细心研读，相信每位读者都能从中收获自己的答案。

较长一段时间以来，本书一直只有陈维纲先生翻译的版本传世。陈先生的译本文采斐然，也给我带来了诸多启示。美中不足的是，该书经英文转译，也因此承袭了英译本的一些谬误。在本书即将出版之际，我得知杨俊杰教授的译本已在不久前问世，惜因身在国外，尚未有机会拜读。两个新译本不约而同出版，也从侧面反映了中国读者对《我与你》一书的巨大兴趣。在翻译本书的过程中，译者参考了大量的相关资料，力求使译文准确得体，以飨读者。但限于时间和自身水平，难免有所疏漏，恳请广大读者不吝指正。

徐胤

2017年11月于德国柏林

目录

第一部分

人类的双重态度决定了世界的双重性。

语言中基本词汇的双重意义，决定了人类的双重态度。

基本词汇不会逐个出现，而是成对出现。

“我－你”是基本词汇之一。

另一个基本词汇是“我－它”，其中，“它”也可以被替换成“他”或者“她”，而并不改变语意。

所以，人类的“我”也是双重的。

因为“我－你”和“我－它”中的“我”并不相同。

基本词汇不会产生额外的意义，它们一被人说出，便一直存在。

基本词汇反映了事物内在的本质。

说到“你”，也就提到了“我－你”中的“我”。

说到“它”，也就提到了“我－它”中的“我”。

“我－你”只能随事物的所有本质一同道出。

“我－它”永远都道不尽事物的所有本质。

“我”不能独立存在，它或附属于“我－你”，或附属于“我－它”。

人们说“我”,指的其实是上述两者之一。当他说“我”时，他所指的那个“我”便出现了。即便他说的是“你”或是“它”，其所对应的那个“我”也会一道出现。

作为“我”存在也即说出“我”。说出“我”，即说出了其对应的某个基本词汇。

说出基本词汇的人，也便进入其中，驻足其间。

人生不仅限于围绕及物动词展开。人的一言一行，不一定必与某样事物相关。我感知某物，我感觉某物，我想象某物，我想要某物，我感受某物，我思考某物。人生当不止于斯。

凡此种种，共同为“它”的世界奠定了基础。

而“你”的世界，则另有基石。

人们说“你”，并没有言及其他。因为有一样事物，就必有另一样事物，每个“它”都与另一个“它”相邻。“它”之所以为“它”,便是因为“它”与另一个“它”交界。而说到“你”的地方，必无他物。“你”字并无界限之分。

说“你”之人必无其他，亦一无所有，但他却处于关系之中。

人们常说，人感知世界，此话何解？人彷徨于事物表面，感知它们。他从中总结事物的特征，得出自己的经验，从而感知事物的存在。

但光凭经验还不足以感知世界。

因为由经验所感知到的世界,只是“它”“他”和“她”的排列组合。

我感知某物。

即便是在“外在”感受的基础上再加上“内在”感受，也不会改变什么。内外之分源自人类对死亡秘密的漠视，所以也难以永恒。内与外一样，都离不开物！

我感知某物。

即便是在“显性”感受的基础上再加上“隐性”感受，也同样不会改变什么。有人为此沾沾自喜，以为发现了事物隐藏的部分，掌握了内情，找到了解密的钥匙。哦，没有玄奥的秘密，只有消息的堆聚！它，它，它！

感知者并未参与到世界之中。感受在他心中，而非介于他与世界之间。

世界并未参与到感受之中。它可以被感知，但却不为所动，因为它对此既无所为，也无所受。

作为经验的世界属于“我－它”。“我－你”推动的是关系的世界。

关系的世界有三重维度。

其一：与自然共处。这层关系晦暗难明，也难为言语所尽。各种生物在我们周围活动，却不能上前靠近。我们想对它们以“你”相称，却为语言所限。

其二：与人类共处。这层关系显而易见，也容易言说。我们称呼旁人为“你”，也被旁人以“你”相称。

其三：与精神本质共处。这层关系虚无缥缈，但却启人觉悟；虽缄默无言，却能引出妙语。没人对我们以“你”相称，但我们却仿佛感受到了召唤。我们的回答也是图像化的，思考的，行动的：我们用基本词汇与本质交流，却不能张口说“你”。

可我们又该如何将言语所不能及的范围导入基本词汇的世界呢？

在每个维度，在任何出现在我们眼前的事物中，我们都能眺望到“你”的身影，听到它的衣袂飘动之声。每次说“你”，我们都在某个维度中以其特有的方式与永恒的“你”对话。

我凝望一棵树。

我可以将它当作一幅画面：僵直的树桩映衬着日光，或是晴空下嫩绿的新枝间透进银白的月光。

我可以将它当作一种运动感受：星罗棋布的纹路像血管一样涌动，树根吮吸着大地，树叶呼吸着空气，它不停地与泥土和空气交换着养分，并悄然生长。

我可以把它归入某一类型，将它的形态和生存方式视作范例。

我可以完全无视它的特征和形状，只将它看作法则的表述。这可以是力量既对立又统一的法则，也可以是物质既混合又分离的法则。

我可以将它视作数字，用纯粹的数字关系去分解它，定义它。

在所有这些情况中，树都是我的对象，它有它的位置、期限、方式和特性。

但在意志和上天恩赐的共同作用下，我也可能在凝望树的同时，与它产生关系。这样一来，树就不再是“它”了。专注的力量彻底征服了我。

要做到这一点，我无需放弃任何一种看待树的方式。我无需为了见而故作不见，也无需为此忘记任何知识。事实上，画面和运动、类型和范例、法则和数字都不可分辨地交汇在了一起。

属于树的一切，都混于其间。它的形态和构造，它的颜色和成分，它与元素[1]和天体[2]的交流，构成了一个整体。

这棵树不是一种印象，不是想象的玩具，也不是情绪的产物。它存在于我的面前，与我息息相关，正如我以另一种方式与它相关一样。

我们无法否认关系的意义。关系就是相互性。

那么树也跟我们一样有自己的意识么？我感知不到。但因为在自己身上成功过一次，你们就想分析不可分析的事物么？我既看不见树的灵魂，也碰不到树妖，只能面对它自己。

我与一个人迎面而立，把他视作我的“你”。一旦我对他说出了“我－你”这组基本词汇，他便不可能是万物的一员，也不可能由物体组成。

他不是受其他“他”和“她”限制的“他”或“她”，不是由时间和空间组成的宇宙网络中的一个圆点，不是某种可被感知和描述的状态，也不是一连串可被名状的特征的集合。作为“你”的他无所倚仗，却严丝合缝地充盈于天际之间。这并不意味着唯有他遗世独立，但其他万物的确生活在他的光影之中。

单有音符不成旋律，单有字符不成文章，单有线条不

[1] 指水、火、风、土四大要素。

[2] 指日月星辰。

成立像。人们必须百费周折，才能化零为整，要形容我口中的“你”也是如此。我可以描述他头发的颜色、说话的声音和品行的善良，我也理应重复这一过程，但这些并不足以使他成为“你”。

随时可以祈祷，时间伴随着祈祷流逝；随处可以祭祀，祭祀的过程也占用了空间。刻意颠倒这层关系，就是否认现实。所以被我以“你”相称的人，也不依附于任何时间与空间。我可以把他放入特定的时间和空间之中，也理应重复这一过程，只不过这样一来，他便不再是“你”，而成了“他”“她”或“它”。

只要我身处“你”的天空之下，因果的风浪就将臣服于我的脚下，灾难的旋涡也将停滞不前。

我无法感知到那个被我以“你”相称的人，但我却与他存在某种关系，与他同处一组神圣的基本词汇之中。直到我跃出这层关系，才能重新感知到他。感知是一个与“你”疏离的过程。

即便“你”没有感知到“我”和“你”之间的关系，它依然成立。因为“你”的范围远比“它”了解的广阔，“你”的作为和遭遇，也远比“它”所知晓的丰富。这不是一场骗局，而是真实人生的发源地。

一个形象出现在人的面前，并借他之手成为作品，这就是艺术永恒的起源。它不是灵魂的变种，只是悄然来到其身边，要求其发挥创造力的一种现象。这一切都取决于人类的一项本质行为：一旦成功，他便倾其本质，对眼前的形象道出了基本词汇。与此同时，创造力倾巢而出，作品由此诞生。

这一行为包含了牺牲和冒险。牺牲在于：被呈递到形象的祭坛上的事物拥有无限的可能；刚刚从我们的视野中嬉戏而过的一切，都必须被排除在外，不得进入作品之中；这也是对面形象的唯一性所决定的。冒险在于：基本词汇只能随事物的所有本质一同道出；若甘愿牺牲，就不得有所保留；作品不同于树木和人类，它无法容忍“我”在松弛的“它”的世界中停驻不前，反倒会发令说：若我不全心全意对它，那便不是我死，就是它亡。

我无法感知和描述面前的形象，只能将它变为现实。但在来自对面的光辉的映照之下，我却能将它看得比经验世界的一切更为真切。它不是“内在”事物中的一员，也不是虚构的幻影，而是现实的存在。若以具体的实物而论，这一形象当然并不“在场”，但还有什么比它更为现实呢？我与它之间的关系，也是真实的存在：它影响我，正如我影响它。

创造即是汲取，发明即是寻找，塑造即是发现。我将它变为现实的过程，也是我探索的过程。最后生成的作品是万物中的一员，拥有各式各样的特征，可以被感知和描述，但它也可以不时作为具体形象出现在观者的面前。

——人们能够从“你”身上感知到什么？

——什么都感知不到，因为“你”无法被感知。

——那人们知道“你”的什么情况？

——只能知道它的全部,因为“你”无法被部分感知。

若我有缘与“你”相遇，定是出于上天的恩赐，因为它根本无从寻觅。但我对它说出基本词汇的行为，却出于我的本质，是我的本质行为。

“你”来与我相遇，但我却与它产生了直接的关系。因此，选择与被选、受难与行动之间有着相同的关系。一次用上全部本质的行动，必然扬弃所有的部分行为，进而扬弃所有具有局限性的行为感受，于是便也同受难相差无几了。

“我－你”这组基本词汇只能随事物的所有本质一同道出。收集和融合所有本质的过程，既不能依赖于我，也离不开我。“我”与“你”建立关系，在“我”成为“我”的过程中，“我”也道出了“你”。

所有真实的人生皆是相遇。

“我”和“你”的关系是直接的。在“我”和“你”之间，不存在任何概念、预设的知识和幻想，记忆却发生了由零到整的变化。在“我”和“你”之间，不存在任何企图、贪婪和前提假设，渴望却发生了由梦到现象的转变。一切媒介皆是阻碍。唯有摒弃一切媒介，相遇才会发生。

在关系的直接性面前，所有的间接性都显得无关紧要。至于“我”的“你”是否已经成为其他“我”的“它”(“普遍经验的对象”)，还是在我的本质行为的影响下才发生了这一转变，也同样无关紧要。因为真正的界限是模糊而摇摆不定的，它既不通向经验和非经验之间，也不通向存在和不存在之间，更不通向存在世界和价值世界之间，而是从“你”和“它”、现在和对象之间的所有区域横穿而过。

现在不是思想中某段“逝去”时间的结尾和过往表象的片段，它应当是真实而充盈的。现在性、相遇和关系，是它存在的前提。只有当“你”在场的时候，现在才会出现。

“我－你”中的“我”，并没有面对“你”，而是被许多“内容”所环绕。它只拥有过去，不拥有现在。换而言之，一个人若满足于自己所感知和使用的事物，就只能活在过去，属于他的瞬间中没有现在的内容。他所拥有的唯有对象，而对象只存在于过去之中。

现在不会倏然而过，转瞬即逝，它持续存在，历久弥坚。对象不会持续，只会停滞、中断、破碎、僵硬、离开和失联，也毫无现在性可言。

本质活在现在，对象活在过去。

即便“思想世界”被作为超越对象的第三者引入，这种根深蒂固的双重性也不会发生改变。因为我所说的并非其他，而是一个真实的人，是“你”和“我”，是我们的生活、我们的世界，而不是我本身和存在本身。何况，对真实的人而言，真正的界限也横穿了思想的世界。

诚然，有些人甘愿在物的世界里故步自封，满足于对事物的感知和使用。他们将思想的房屋四下扩建，以便能在虚无来袭时从中寻求庇护和慰藉。他们在踏入门槛前脱下了日常生活的破旧外衣，将自己裹在干净的亚麻布中，靠注视原始的存在和应当出现的存在恢复精神，尽管他们的生活其实与此无关。即使只能将这一点公之于众，他们也能从中得到宽慰。

但这种靠想象、假设和宣传得来的“它”之人性，却与生机盎然、能真切说出“你”的人性毫无相通之处。最高尚的虚构无非是偶像，最庄严的伪信念无非是恶习。思想既不寄身于我们的头脑之中，也不凌驾其上；它在我们中间漫游，与我们接近。未能说出基本词汇的人令人痛惜，而那些妄图用概念和口号取代基本词汇，且故作不知的人，则令人同情！

上述三例之一证明，直接的关系也蕴含了对对面事物的影响。艺术的本质行为决定了形象成为作品的过程。对面的事物借助相遇进入物的世界，它持续产生影响，持续变成“它”，也以欢欣鼓舞的方式变成“你”。它“展现了自己”：它的躯体在没有空间和时间的现在的洪流中现身，于存在的河滨靠岸。

这种影响对人类的“你”的意义，并非显而易见。在此处促成直接关系的本质行为，常常被误解为感受。种类繁多的感受伴随爱的形而上学和心理玄学出现，却并不是它们的组成部分。耶稣对着魔之人的感受，有别于其对爱徒的感受，但爱却是相同的。感受是用来“拥有”的，爱却能油然而生。感受活在人心中，而人却活在爱中。这不是比喻，而是事实：爱不会附着在“我”身上，从而让它把“你”视作内容和对象，爱存在于“你”和“我”之间。没能从本质上理解这一点的人，其实根本不懂爱，反倒把自己所经历、感知、享受和表达过的感受当成是爱。爱有着一种无边无垠的影响力。身处其中、窥视其间的人，应该能看到他人摆脱束缚，投身忙碌之中；无论是善是恶，是智是愚，是美是丑，他都能真实地感受到他们，仿佛看到他们挣脱枷锁，走出困境，纷纷走到他面前，成为一个个“你”；唯一性奇迹般地一次次重现，发挥着帮助、治疗、教化、鼓励和救赎的作用。爱是某个“我”对某个“你”的责任，存在于爱之中的东西，不可能在任何感受中存在。所有身处爱中的人，无论尊卑，无论是备受宠爱的幸运儿，还是终生被钉在十字架上的恶徒，他们所爱皆人，并无差别。

在第三个关于造物及我们对其认知的例子中，影响的意义一直是一个谜。相信生活纯朴的魔力吧，相信你在苍穹之下的祷告终有回报，你终将明白造物过程中的每一次等待、守候和“翘首以盼”的意义。每一句话都可能将你欺骗，但你且看，本质就生活在你的周围，无论你朝何处走去，你总能与它相遇。

关系是相互的。“我”影响“你”的同时，“它”也在影响“我”。我们的学生也教育了我们，我们的作品也创造了我们。“邪恶”若能触及神圣的基本词汇，也能给我们带来启示。从孩童和动物身上，我们学到了许多！我们生活在由许多深不可测的相互关系组成的世界之中。

——你说到爱，仿佛它便是人与人之间唯一的关系；但世上也存在恨，既然如此，你单拿爱来举例是否合适？

——只要爱是“盲目”的，也就是说，只要它看不到完整的人，它就尚未身处关系的基本词汇之中。恨生来就是盲目的，人只能憎恨某个人的某一部分。看清了完整的人，却要将它拒之门外的人，不再身处恨的王国，而是受到了人性的限制，不能将“你”说出口。一个人若不能对对面的人说出基本词汇，不能借此表达对对方的肯定，那肯定不是在排斥他人，就是在排斥自我：正是在这种限制之下，进入关系才能意识到自己的相对性；也唯有如此，才能将限制消除。

但那些对恨直言不讳的人，其实比无爱无恨的人更接近关系。

不过，我们世界中的每一个“你”都必将成为“它”，这也是我们命运中最为崇高的忧郁。虽然“你”始终在直接的关系中唯一存在，一旦它发挥了作用，混着掺入了媒介，它就成为对象中的对象。虽然它在对象中最为高贵，但却已是其中的一员，有了规模和局限。在创作中，实现是另一种意义上的去现实化。真实的体验往往难以恒久，自然的本质才刚刚在相互关系中向我倾吐秘密，现在又重新变得可被描述、分解和排列，成为各类规则的交汇点。就连爱也无法在直接关系中多加停留，只得在现在和潜伏的交替中延续。方才还独一无二、不具常态的人，原本不属于过去，只属于现在，无法被感知，只能被触碰，现在却沦为了“他”或“她”，成为特征的集合和定量的人形。现在，我又可以区分他头发的颜色、言辞的语调和善良的程度；可一旦我能够这样做，他就不再是我的“你”，也不可能再成为“你”。

世上的每一个“你”，都注定依其本性成为物，或者说一再进入物的状态。用对象的语言来说：世上的每一件物体，在成为物体前后，都可能是某个“我”面前的“你”。但对象的语言只能触及现实生活的边角。

“它”是蛹，“你”是蝴蝶。两者很难清晰交替，反倒常常以错综复杂的方式纠缠在一起出现。

太初即有关系存在。

我们且看“原始人”的语言。原始族群没有太多的对象，他们的生活建立在一小撮具有很强现在性的行为之上。以词为句，是这类语言的精髓，它们的语法结构尚未成型，随后出现的各类词语也都由此衍生。这类词多能表现关系的完整性。我们说“远离”，祖鲁人却会说一个词，它的含义是“有人大喊‘哦，妈妈，我没救了’”；火地岛人所用的一个七音节词远远胜过我们的分析智慧，它的准确意思是：“两个人面面相觑，每个人都期待着对方毛遂自荐，做双方想做却不愿去做的事情。”在这一完整的关系之中，名词和代词指代的人都尚显突兀，不具备完好的独立性。

可见这些语句不是分析和思考的产物，而是真实且原始的统一，是亲身经历的关系。我们与人相逢致意，给他送去祝福，对他表露忠心，或劝其景仰上帝。但与卡菲尔人那生气勃勃、建立在身体关系上的问候方式相比，这些客套话只会让人感到恶心（从“老天保佑”这句话中，哪里能感受到原始的力量！）。卡菲尔人则会说:“我看着你呢！”或者到了美洲,那儿的人会说“闻闻我看！”这话听来可笑，实则意味深远。

我们可以猜测，关系、概念以及对人和事物的理解均源自对关系过程和关系状态的理解。关系过程指体验对面事物的过程，关系状态指与对面事物共同生活的过程，它们诱发了“原始人”最为基本的印象和冲动,令其浮想联翩。人每晚都看见月亮，却不会多想，直到月亮在梦中或在清醒状态下亲临他身旁，以姿色令其着魔，以接触使其因迷醉或落魄而倾倒。他对这段经历的记忆，不是晃动的月影，也不是随之而来的鬼魅之像，而首先是月亮所引起的那种刺激感，那股贯穿身体的动态影响。随后，月亮的个体形象才在远处渐渐显现：直到这时，人每晚所悄然感受到的印象才在记忆中开始复苏，有了行为人和载体；原本不可被感知、只得默默承受的“你”，也有了被具象化成“他”或“她”的可能。

明白了所有这些本质现象原始和影响深远的关系特

征，也就不难理解原始生活中另一个精神元素——神秘力量。它早已得到了广泛的注意和探讨，但当代研究者依旧未能明白其道理。在许多原始民族的信仰和知识（这两者在此处实为一体）中，都能找到神秘力量的概念，如“玛那”[1]和“奥伦达”[2]；它也出现在婆罗门教的基本元素中，并在纸莎草书和使徒信经中以“活力”和“恩赐”的面貌现身。从今人的角度看，这其实就是一种超感觉、超自然的力量，但原始人却认识不到这一点。他们的世界仅限于躯体的感受范围，所以死者的到访倒是一件很“自然”的事情。在他们看来，超出感官的事物完全不可能存在。那些被他们赋予了“神秘力量”的现象，都源自最为基础的关系过程。他们之所以会思考这些过程，是因为它们刺激了他们的身体，给了他们刺激感。夜晚给他们带去痛苦和欢乐的月亮和死者具备这种潜力，熊熊燃烧的太阳、冲他们吼叫的动物、目光咄咄逼人的酋长和用歌声催促他们狩猎的萨满法师，也都拥有这种力量。玛那也在起着作用，它把天边的月亮变成了热血澎湃的“你”，即便刺激感被对象所取代，对“你”的记忆却依然得以长存，虽然它其

[1] 玛那（Mana）出自南太平洋梅拉西尼亚语，意指超自然的神秘力量，包括魔力、神力或鬼魂的力量等，它可通过自然力量或物件起作用。

[2] 奥伦达（Orenda）是北美洲依洛克族印第安人的说法，指其族中的巫士能利用某种方法承接他人、他物或自然界的力量，并对其加以利用，从而产生不可思议的影响。

实仅仅作为行为人和载体出现。人若借助一块圣石，拥有了这种力量，自己便能领会这种感受。原始人的“世界观”之所以神秘莫测，不是因为魔法力量构成生活的中心，而是因为它其实也脱胎于产生了所有本质影响的普遍力量，是其一个特殊的变种。这种世界观的因果关系不具备连续性，它是力量重复的闪光、迸发和生效，就像一座毫无征兆便爆发了的火山。玛那是原始的抽象概念，它或许比数字更为原始，但其实并不比数字更能超越自然。自发形成的回忆将所有的关系事件和基础内心震动加以排列；对维系自我和认知世界最为紧要的元素，也即“起作用的元素”，被雄立在最前列，成为独立的要素；那些不重要、不普遍、在经历中经常变化的“你”，则退居记忆之中，逐渐被对象化，形成了一个个门类；而面目狰狞，有时甚至比死者和月亮还更为诡谲的第三者，也越发显得突兀和清晰，它就是一成不变的“我”。

与其他欲望相比，维系自“我”的欲望并没有与本我意识有着更强的关联。想要繁衍后代的不是“我”，而是眼里无“我”的躯体。在原始的认知功能中，也不可能存在“我知故我在”这类哪怕最显幼稚的身影，不存在即便只是最为单纯的主观感知。当原始经历和基本词汇“我－影响－你”和“你－影响－我”土崩瓦解，分词被名词化和实体化，“我”才得以从根本上显现。

从原始人的精神史中，我们便能发现两组基本词汇的本质区别。“我－你”这组基本词汇在最初的关系事件中就被以自然、纯朴的方式说出，那时候，人还没有认识到“我”。而“我－你”这组基本词汇则出现在这种认识之后，直到“我”彻底从“我－你”中脱离之后才有可能出现。

前者可以被拆分成“我”和“你”，但它却不能由两者简单组合而成，因为它出现在“我”之前；后者可以由“我”和“你”组合而成，它出现在“我”之后。

由于原始关系事件的唯一性，“我”一直身处其中。受其本质影响，只有两方可以完整地显现其中，那就是人和他的对面事物。关系中的世界呈现为双重体系，身处其中的人虽然尚未理解“我”，却已能觉察到它无可比拟的庄重感。

相反，“我”并没有被包含在通向“我－它”这组基本词汇和与“我”相关的感受的自然事件内。这一事件将作为承载感受的人类躯体与周围世界分离了开来。在这一过程中，身体认识到了自己的独特性，并进行自我区分。但这种区分只是简单的排列，无法呈现“我”内在的特征。

但在“我”从关系中解脱出来、独立生存之后，它也以缥缈而实用的方式参与到了躯体脱离周围世界的过程之中，在其中找到了自我性。直到这时，“我”才有意识地展开了行动，基础词汇“我－它”才有了最初的样貌，与我相关的感受也由此诞生。当然，这一过程仍以“原始”的，而非“认识论”的形式发生。当我们说出“我看这棵树”这句话时，作为“我”的人和作为“你”的树之间的关系已经消失了，取而代之的是有意识的人和作为对象的树。这一刻，主体和客体之间的界限业已分明，代表分离的基本词汇“我－它”被说出了口。

——所以我们命运中的这份忧郁可以追溯到史前吗？

——只要人类有意识的生活可以一直追溯到史前，这话便没错。但只有世俗化的存在才能作为人类的发展过程，在有意识的生活中重现。在时间中，精神一直是自然的附属产物，但也正是因为有了精神的存在，自然才得以超越时间，得以永恒。

两组基本词汇的差别，在不同的时间和世界中有着多种名称，但在无名的真理之中，它却被包含在造物之内。

——那你相信在人类的远古时期有天堂存在吗？

——即便它如地狱般阴森可怕、荆棘密布，天堂也真实存在，而我在思考历史时，也必一直上溯到那儿。

原始人之间的遭遇不会一派祥和，人们宁可感受真性情带来的暴力，也不愿接受虚无缥缈的数字带来的幽灵般的宽慰！前者能将我们带向上帝，后者只会把我们引入虚无。

我们虽已竭力推断，但我们所知的原始人的生活无非是上古人类真实生活的一个譬喻，只能帮助我们简单了解两个基础词汇之间的时间关系。更完整的信息来自孩童。

有一点业已明确：基本词汇的精神现实源自自然，“我－你”的精神现实源自自然的联合，“我－它”的精神现实源自自然的分离。

孩子们在出生前，完全处于自然联合的状态，他们的身体与母体相互连通，相互影响；胎儿的生活水平在母体身上有着独特的体现，但又不会全部体现出来，因为它不只生活在人母的腹中。这种联合如此广泛，以至于犹太神秘格言“人在母体中通晓宇宙，出生后却忘却一切”听上去就像一段残缺的远古铭文。它就像一个神秘的愿望留在人的心中。但这并不像有些人所臆测的那样，说明人一直追求回归从前的状态。这些人把精神和理智混为一谈，以为它只是自然的寄生虫；实际上，精神虽然遭受种种病患，却依然是自然的精华。人所追求的目标，其实是成为精神本质和他真实的“你”的联合。

如同所有即将问世的生命一样，人类的胎儿也生活在伟大母亲的腹中，处于一个浑然一体的原始世界。离开那儿后，人有了自己的生活，只有在脱离这一轨迹的黑暗时刻（健康人每晚都能经历这种状态），我们才再次与它靠近。但此后的分离就不像离开娘胎时那样突然，不再是一场灾难；人有足够的时间，用与世界的精神关系替代所遗失的自然联合。他从那混沌炽热的黑暗中走出，进入冰冷、光明的造物世界。但他还没能拥有创造力，他必须先将其取出，变为现实；他必须先好好观察、聆听、触摸和铸造自己的世界。创造力在相遇中露出本来面目，它不甘一味等待，想要掌握主动。围绕在成熟之人周围的常见对象，都必须从初创之时便靠行动争取。没有哪样事物是经验的固定组成部分，唯有借助相遇过程中的交互作用力，它们才得以呈现。婴儿们和原始人一样，生活在一次次的睡梦之间（其实大多数苏醒的时候，也与睡梦无异），生活在一次次相遇的闪光之中。

在早期的模糊阶段，寻求关系的原创性便已有所体现。在还没被注意到之前，人就将羞涩的目光投向了不确定的空间；当温饱已经不成问题，人会将手伸在空中比画，寻找和追求不确定的事物。虽然有人坚称这是动物的本能，但这其实并没有切中要害。目光经过长时间的寻觅之后，最终会凝聚在一块阿拉伯红毯上，直到红色之魂最终现身；同样的行动，还能在一只毛茸茸的玩具熊上感知到它的形象和特征，从而觉察到它可爱、迷人的完整身体。这两个例子都不是关于对象的经验，而是对一个活生生的对面事物进行研究的结果——虽然它只生活在“想象”之中（这类“想象”的目的不是赋予任何事物灵魂，它的诉求是将一切事物当作“你”，希望与它们建立联系。即便人所面对的不是活生生的事物，而只是它们的映像或象征物，他也可以凭借自身的充实造成生动的影响。）杂乱无章、毫无意义的微弱声响仍坚持遁入虚无之境，但终有一天，它们也将悄然汇聚成对话。对话的对象是谁？它可能是沸腾的茶壶，但这也不失为一场对话。许多被称为条件反射的冲动，其实是人构建世界的利器。孩子们不会先感知到一个对象，再与它产生关系；恰恰相反，寻求关系才是第一步，它就像一只拱起的手，被对面的事物牢牢握住。第二个步骤，便是与对方建立联系，这就好比是以无言的方式说出了“你”。原始经历的分解、两个联合伙伴的疏离和“我”的独立，都是随后才有的产物。太初即有关系存在：它属于本质的范畴，是心甘情愿，是领会的形式和灵魂的样貌。与生俱来的“你”，乃是关系的先验前提。

人所经历的关系，乃是与生俱来的“你”在相遇之人身上实现的产物；相遇之人成为对面的事物，以唯一的方式被接受，并最终以基本词汇的形式被问候，这一切都可用关系的先验前提来解释。

在接触欲（触碰及注视另一事物的欲望）中，与生俱来的“你”很快便发挥作用，逐渐强化了相互性和“温情”。随后出现的创造欲［以组合和分析（分解，分离）的方式进行创造的欲望］也受其决定，所以被创造的事物才会被

"人格化"，"对话"也由此出现。儿童精神的发展，离不开对"你"的需求，离不开这种需求的满足和落空，离不开不断的尝试和危急关头严肃的无助感。对这些现象的理解，很容易被将其狭隘化的尝试所损害，想要真正有所收获，必须在观察和分析的过程中时刻铭记这些现象的宇宙和宇宙变化起源：它们走出了一片混沌的原始世界。或许那些早就降临人世的个体已经从中离开，但那些仅有形态和样貌的本质却还未能走出；只有通过逐渐融入关系之中，它们才能与原始世界脱离。

人经由"你"成为"我"。对面事物来而复去，关系事件聚而复散。在一次次的变换之中，"我"作为不曾改变的一方，其自我意识也得到了增强。虽然它依然身处关系的纠葛之中，与"你"相互联系，但不难发现，它越来越向"你"靠近，却无法成为"你"。随着它日渐强势，联系"我"和"你"的纽带终将断裂。有那么一刻，分裂的"我"在原来的"我"面前取代了"你"的地位，随后，"我"占有了自己，并在自我意识中继续维持关系的存在。

直到这时，另一组关系词才可能成立。因为从前的"你"虽然一直在淡出视野，但它不可能突然蜕变成"我"的"它"，不可能像随后发生的那样，成为处于非联合状态下的感知和经验的对象，它只能仿佛成为自己的"它"，潜伏下来，等候新的关系事件诞生。当躯干成长为完整的身体之后，它作为感受的载体和冲动的执行者从周围环境中凸显而出，但这时候它只是跟周围的一切和睦共生，还没有明确的“我”与对象的区别。现在，脱离纽带的“我”摇身一变，从原本物质充盈的状态缩小成了功能化的主体，学会感知和利用周围的事物，它朝所有那些“自己的‘它’”袭去，侵占了它，与它组成了另一组基本词汇。越来越自我的人，在面对一样事物说出“我－它”时，并没有与之产生交互关系；他或俯身透过客观的放大镜审查它的细节，或透过客观的望远镜将一幅幅画面依次排列；他单独观察每一样事物，却毫不在意其唯一性；或者他把事物联系到一起，却并无整体的感受。因为唯一性只存在于关系之中，整体性也只能在关系中被感受。现在，他第一次把事物当成了特征的集合。这些特征来自每一次关系事件，属于每一个记忆中的“你”，它们存在于记忆之中，直到现在才将记忆融合成事物的特征。根据每个人的不同，他过去所处的关系或如梦境，或形象生动，或极具哲思。他用对这些关系的记忆对保留在“你”身上的核心和实质进行补充。直到这时，他才把事物放在了空间－时间－因果关系之中；直到这时，每一样事物才有了自己的位置、顺序、规模和条件。“你”虽然也出现在空间之中，但这种空间建立在唯一性的对立基础之上，其中的一切都是背景，唯有它独立其间，不受边界和规模的限制；它也出现在时间之中，但那是一个自我实现的过程，而不是某个持续的、有固定顺序的经过的一部分，它的存在只有“一瞬间”，但其范畴却可以完全由它决定；它同时作为影响者和被影响者出现，但却不受一系列因果条件的限制，自始至终只与“我”相互作用。人世间的基本事实之一，即是只有“它”可被排序。只有当事物从“你”变为“它”时，才可以被排列。“你”不能被排列。

既然我们已经说到此处，就不得不提到基本事实的另一面：有序的世界不等同于世界秩序。离开了它，上述基本事实就只是残缺无用的碎片。在某些难以言说的瞬间，世界秩序作为现在，展现了它的面貌。此时，空中飘来一段音乐，其难以分辨的乐谱就是有序的世界。这些瞬间虽稍纵即逝，却永恒不朽：其中的内容没有被保存下来，但它的力量却进入了人类的创造和认识之中，涌入有序的世界并最终将其一再消融。这既是个人的历史，也是全人类的历史。

人类的双重态度决定了世界的双重性。

他感知周围的存在，事物自不必提，人也被他当作事物；他感知周围发生的一切，过程自不必提，行动也被当成过程；事物由特征组成，过程由瞬间组成；事物进入空间网络，过程进入时间网络；事物和过程分别受其他的事物和过程局限，以其为尺，与其比较。有序的世界，也是分离的世界。这个世界相对可靠，它有着自己的密度和持续时间，它的结构一目了然，可供人一再攫取。人闭上眼，可以重复它的过程；睁开眼时，又能检查它的内容。你若愿意，它就在你的肌肤之侧，心灵之畔；它是你的对象，可根据你的喜恶若即若离，若隐若现。你感知它，把它视作你的“事实”；它任由你支配，却并未委身于你。你只可就“它”与他人取得一致，虽然它在每个人面前的表现各不相同，但却是你们共同的对象。只不过，你无法在它身上看到他人。离开了它，你就无法生存，它的可靠养活了你，可一旦你葬身于此，就被埋入虚无之中。

或者，人可以把存在和发展视作对面的事物，只认同一种本质，并把每一样事物都视作本质的存在。存在的事物，在发展的过程中展现自己；发展的过程，又被人当作一种存在；没有什么比这更为现实，且它无所不在。尺度和比较都已不再重要，究竟有多少不可测量的事物可以被当成事实，完全取决于你。相遇并不会构成世界，但每一场相遇都是世界秩序的症候。它们相互之间并无联系，但却各自确保了你与世界的联系。你眼前的世界并不可靠，它在不断更新，无法用言语形容；它并不密封，所有的事物都可以在其间穿透一切；它没有期限，有时不请自来，有时苦留不住；它无可估量，你想估量它，就会失去它。它来到你身边，想要触及你；它若没有成功，没能与你相遇，便会暂时消失；不过它定当改头换面，卷土重来。它并不在你之外，甚至触及你的根基，就算你称它为“我的灵魂之魂”，也不算为过。但千万当心，如果你真把它放在灵魂之上，便彻底毁灭了它。它是你的现在，唯有拥有它，你才拥有现在。你可以把它当成你的对象，感知它，使用它，你也不得不一再这么做，但这样一来，你就失去了现在。你和它之间是相互给予的关系，你对它说“你”，把你奉献给它；它也对你说“你”，把自己奉献给你。你无法就它与他人取得一致，你只能孤独地与它相处。但是，它却教会了你与他人相遇，并在相遇中坚持自我。它用自己到来时的恩赐和离去时的忧伤，将你引向了“你”，原本平行的关系线，也得以就此交汇。它不会帮助你维系生命，却能让你感受到永恒。

“它”的世界与空间和时间相关。

“你”的世界与空间和时间无关。

单独的“你”，必然在关系过程后成为“它”。

单独的“它”，可能在进入关系过程后成为“你”。

这是“它”的世界的两大基本特权。它们促使人类将“它”的世界看作世界，生于其中，安于其内，并用各种鼓励和刺激、活动和认知来维系这一切。在这段稳固而有益的合唱之中，“你”的瞬间只是一段奇妙的、集诗意和戏剧性于一身的插曲，它有着一种诱人的魔力，却也极度危险，能使久经考验的相互关系发生松动；它留下的更多是问题，而不是满足；它给人带来不安，虽阴森恐怖，却又不可或缺。既然人总归要“回归世界”，那为什么不干脆留在其间呢？为何不把对面的事物纳入秩序之中，将其作为对象看待？除了对父亲、妻子和伴侣不得不说“你”之外，在其他场合为何不口中说“你”，心中想“它”呢？用发声工具说出“你”这个声音，绝不等同于说出了阴森恐怖的基本词汇。只要“我”真实的想法是感知和使用，即便对心爱的“你”低声倾诉，又有何危险呢？

人不能仅仅活在现在，如果没有防备，他会被现在榨干，很快便消耗得一干二净。但人也不能仅仅活在过去，因为他只能在此间经营生命，若每一瞬间都被感知和使用充满，生命也将停止燃烧。

芸芸众生啊，事情的真相即是如此：人不能离“它”而生，但谁若仅拥有“它”，便也不再是人了。

第二部分

个体的历史和人类的历史可能各有千秋，但它们至少有一点是相同的：它们都伴随着“它”的世界不断扩张。

这一点是否适用于种族的历史，似乎尚存疑问。有人会说，诸多文化王国都发源于形式各异但却结构相同的原始状态，也即始于一个范围狭小的对象世界；但最终却世代更迭，相互分离，所以与个体生活相称的不是种族的生活，而是单一文化的生活。但如果我们绕开分离的表象，就会发现各类文化也处在其他文化的历史影响之下，并在特定的时间段里接纳了其他文化中的“它”的世界——这一时间段不会出现得太早，但肯定是在其鼎盛之前。它们可能直接接受了同时代的“它”的世界，如希腊文化接纳埃及世界，也可能通过历史间接接受另一个时代的“它”的世界，如西方基督教文化接纳希腊世界。总之，一种文化的“它”的世界得以扩展，不只归功于自身经验，还有外来文化的影响，只有这样，成长中的文化才能得到关键的、具有开创性的拓展。（来自“你”的世界的注视和行动在其中所起的巨大作用，我们暂且放在一边不谈。）这样一来，一种文化中“它”的世界的范围，肯定比此前的文化要宽广，虽然中途有些许磕绊和表面上的倒退，“它”的世界不断扩展却是不争的事实。一个文化的“世界观”到底有穷尽还是无穷尽（或者更准确地说是不穷尽），其实并不重要，一个“有穷尽”的世界可能比“无穷尽”的世界包含更多的内容、事物和过程。我们还应注意，可供比较的不只是自然认识的范围，还有社会差异和科技成就，对象的世界，还可以通过这两方面进行扩展。

人类与“它”的世界的基本关系，可概括为感知和使用。感知不断重建“它”的世界，使用则将世界引向了多样的目的，如人生的维系、宽慰和规划。随着“它”的世界不断扩展，感知和使用它的能力也必须得到同步提升。个体虽然可以用间接感知——也即“学习经验”取代直接感知，将使用简化为专门的“应用”，但这样一来，这种能力必须持续得到训练，方能世代相传。这就是人们通常所说的“精神生活的持续发展”。关于精神的这种说法其实只是自欺欺人，因为这样的“精神生活”其实反倒阻碍了人类在精神世界中的正常生活，即便是在最好的情况下，它也只能充当材料，为精神所战胜和塑造。

这是阻碍，因为感知和使用能力的训练往往以牺牲人类的关系力量为代价，而人只有借助这种力量，才能在精神中生活。

人所展现的精神便是其对“你”的回答。人有众多发声的喉舌，如言语之舌、艺术之舌和行动之舌，但精神却始终如一，且是对藏身于隐秘之中向外发声的“你”的回答。精神即是语言。言语先在人脑中成句，继而通过喉咙出声，两者其实都是真实过程的折射。实际上，语言并不存在于人之中，而是人站在语言之内，从中向外发声。所有的言语皆是如此，所有的精神也概莫能外。精神并不在“我”之中，而是介于“我”和“你”之间。它不是在你体内循环的血液，而是你所呼吸的空气。人若能回应自己的“你”，就必然生活在精神之中。他若能与自己的全部本质产生联系，就必能回应“你”。人只需借助关系的力量，就可以生活在精神之中。

但关系过程的命运却颇为坎坷。人的回答越是有力，就越会束缚住“你”，阻碍其成为对象。只有一切喉舌都对“你”沉默，只有在默然的守候和未经雕琢的无声言语中，“你”才会得到解脱，与他一道处在压抑之中。这时，精神只是存在，而不会显现。所有的回答都将“你”禁闭在了“它”的世界。这是人类的悲情之处，也是他们的伟大之处。因为只有这样，人才会有认识、创作、印象和榜样。

如此成为“它”的事物，虽沦为了物中之物，却也有了意义和使命，需要不断回归原处。当精神作用于人类，使其做出回答之时，对象也需要被反复燃烧成现在，回归其所诞生的元素，被人类当成现在看待和生活。

人类却总要阻碍这种意义和使命的实现，他们习惯于感知和使用“它”的世界，对于其间的事物，他们不会解放它，反倒压迫它；不会注视它，反倒观察它；不会接受它，反倒利用它。

认知者借观察对面事物得出本质，这就是认知的过程。他必须把眼前的现在视作对象，将它与对象比较，令其与对象为伍，也必须把它作为对象描述和分解。它只有作为“它”，才能进入认识之中。但在观察的过程中，对面事物却不是物中之物，过程中之过程，而是唯一的现在。本质只可能通过现象体现，而不是通过由现象推导出的法则体现。普遍的思考，离不开对复杂个例的探索，因为它们才是人们专门从对面事物身上看到的东西。现在，普遍思想以“它”的形式进入了概念认识之中。人们在此基础上进行推断，重新观察现在，也实现了认知行为介于现实和影响之间的意义。不过，人也可以用另一种方式实现认识。他可以断言说：“它就是这样表现的，这个东西就叫这个名字，它就是这样产生的，它就属于那儿。”这其实是让成为“它”的事物安心做“它”，并将其当成“它”来感知和使用，将它用于“熟知”世界的行动，继而用它“征服”世界。

艺术也是如此：艺术家借观察对面事物得出形象，并将其禁锢为“构成物”。这个“构成物”并不存在于众神的世界，而是处于人类的大千世界。即便没有肉眼注意到它，它依然“存在”，只不过处于睡眠状态。一位中国作家曾说，人们不愿听他用玉笛弹奏的音乐，他便把它弹给神仙，在神仙们俯首倾听后，人们也愿意听他的这首歌曲了——就这样，他借道神仙，找到了那些不可缺少“构成物”的人。“构成物”在与人相遇之后，看上去似乎与梦中并无差别，但其实它已经挣脱了禁锢，还原成了形象，成为永恒的一瞬。这时候，人走了过来，感知到了能感知的一切：它是这样构成的，它表达了这些内容，它有这样的特征，以及它有着怎样的地位。

这并不是说科学和美学的理性没必要存在，但存在的前提是，它们要忠于作品，进入到围绕在理性周围的超理性范畴的关系事实之中。

超越认知精神和艺术精神的第三个层次，则是纯粹的活动和不受主观影响的行动。在这其中，短暂的、具体的人无需想象经久不衰的材料，而是超越了它们，把自己当作“构成物”，聆听自己生动的语言，飞升入精神的星空。这样一来，“你”便在隐秘之中向人现身，在黑暗中向他呼唤，而他则用自己的生命作为回应。言语时而化作人生，而无论这种人生实现了法则还是破坏了法则——为了让精神永存于世，两者皆有必要——它都是一种教训。它出现在后辈面前，不是要教会他们存在的内容和目的，而是要教会他们如何在面对“你”的同时，在精神中生活。也就是说，它已经准备好竭尽所能，将他们引向“你”，为他们打开通向“你”的世界的大门。不，它不只有所准备，还不断地来到他们身边，感化他们。可他们却对生动的交流和敞开的大门兴味索然，也无力处理这些信息。他们把人禁锢在历史之中，把言语囚禁在书卷之内；他们把法则的实现和破坏均编纂成籍；他们不吝祷告和敬奉，也在其中掺入了足够的心理暗示，以满足现代人的需求。哦，孤单的容貌，就这样如星辰般在黑夜中飘荡；哦，生气勃勃的手指，却触及了麻木不仁的额头；哦，逐渐消失的脚步声！

感知和使用功能的习得往往伴随着人类关系力量的衰弱。

那些把精神当作享乐手段的人，又会如何对待生活在他周围的生物呢？

他们将基本词汇分离成了“我”和“它”，将与他人的生活划分成了两个泾渭分明的密闭区域：规则和情感，或者说是“它”的区域和“我”的区域。

规则是“外在”的，人出于各种目的停驻其间，工作、商讨、影响、行事、竞争、组织、经营、任职、祈祷。这是一套大致和谐有序的体系，在人类思想和身体的参与之下，一件件事务得以妥善解决。

情感是“内在”的，人居于其间，可暂时免受规则的影响。在这儿，丰富的情感在关注的目光前晃动，人纵情于爱恨之间，畅享快乐和痛苦（只要它不太强烈）。人躺在摇椅上舒展身体，就像在家里一样。

规则是一个人来人往的广场，情感则是千变万化的斗室。

两者之间的界限很是模糊，因为放纵的情感偶尔会闯入最为客观的规则之中，但后者总能在美好的愿望中重建家园。

明确界定所谓的个人生活，才是最为困难的事情。它在婚姻中就很难划清界限，但它的确存在。而在所谓的公共生活中，界限很是分明。我们不妨看看，在各大党派、超党派团体和各类“运动”的选战之年，轰轰烈烈的会议和实地的运作便区分明显，两者都多如牛毛、组织涣散，用心昭然若揭。

但脱离规则的“它”是黏土烧成的假活人，脱离情感的“我”则是四处乱飞的灵魂鸟。两者都目中无“人”，前者的眼里只有案例，后者的眼里只有“对象”，它们看不到人，也找不到共性。它们的眼里都没有现在：即便是最为先进的前者，也只看得到僵硬的过去和成文的规定；即便是最持久的后者，也只看得见转瞬即逝的一刻和尚不存在的存在。两者都找不到通往现实生活的路径。规则得不出公共生活，情感构不成个体生活。

越来越多的人在与日俱增的痛苦中意识到“规则得不出公共生活”，这也是我们这个时代辛苦寻觅的开始。情感构不成个体生活，却鲜为人知，因为最为私密的事物，似乎正栖身于情感之中。然而，当你像现代人那样学会了放纵自己的感情之后，即便你对它的虚假深恶痛绝，也无法找到更好的替代品，因为绝望也是一种有趣的情感。

那些因“规则得不出公共生活”而感到痛苦的人，终于想到了一个办法：人必须用情感来松动、熔化和爆破规则，用情感赋予规则新生，将“情感的自由”引入其中。如果机械化的国家无法将本性各异的人汇聚在一起，促使他们和谐共生，那它就必须为博爱集体所取代；当人们处于奔放洋溢的自由情感汇聚到一起生活时，博爱集体也就诞生了。但情况却没有这么简单。真正的集体不会因为人们相互的情感而诞生（虽然它也离不开后者），它的诞生需要两个前提条件：第一，人们必须与某个生活中心建立生动的相互关系；第二，人们相互之间也必须建立生动的相互关系。后者脱胎于前者，但仅有前者也构不成后者。生动的相互关系需要情感的存在，却并非源自情感。集体建立在生动的相互关系的基础之上，但它的建筑师却是有效的生活中心。

同理，自由情感也无法赋予个体生活的规则新生（虽然后者离不开前者）。例如，婚姻不可能因为其他事物重获新生，它的基础只能是两个人相互表露“你”。“你”其实不属于任何一个“我”，却建立了婚姻。这是爱在形而上学和心理玄学上的事实，而爱的情感只是附加产物。那些想借助他者令婚姻获得新生的人，其实与破坏婚姻的人并无本质区别：他们都在忽视这一事实。事实上，古往今来的情欲之爱，无非都与“我”相关。“我”不是他人的现在，也没有被他人当成现在，而只是借他人获得自我享乐。除此之外，再无其他。

真正的公共生活和真正的个体生活紧密相连。他们诞生和存在的过程，需要情感不断变换内容，也需要规则不断变换形式，但仅凭这两者还不能构成人的生活。第三者完成了这一切，那就是在现在中居于中心的“你”，或者更准确地说，是在现在中被感知为中心的“你”。

“我－它”这组基本词汇其实无害，正如物质本身其实无害一样。但若它像物质那样，自以为能作为正在存在的事物存在，那便危害无穷。人类若任它摆布，就将被无节制扩张的“它”的世界所吞没，他们的“我”也将脱离现实；最终，降临其身的梦魇和身处其内的心魔互诉衷肠，相约进入万劫不复之地。

——可现代人的公共生活不正应该沦入“它”的世界

吗？此种人生的两大方面，经济和国家，以其现在的规模和完善程度，它的基础必然是避免所有“直接性”，坚决排斥一切“外来”的、并非土生土长的权威，难道它还能建立在其他基础之上吗？如果支配一切的正是感知和使用的“我”，正是“我”在经济中使用了财富和成果，在政治中使用了观点和诉求，那么这两个领域能有如此数量庞大、结构稳固的“客观”构成物，不正应该感谢“我”的无上权力吗？没错，政治和经济领袖的伟大之处，就在于他们没把人当成不可感知的“你”，而是把他们当作成果和诉求，算计和利用他们的特长。如果他们不是把“他”“他”“他”相加成“它”，而是把“你”“你”“你”相加而得出“你”，那他们的世界不就土崩瓦解了吗？这算不算用外行的修补替代内行的塑造，用空想的混沌替代理智的光明呢？再让我们把目光从领导者转向被领导者：现代工作方式和所有方式的发展，是否已经把相遇和意义非凡的关系的痕迹消除一空了呢？可扭转这一切的想法，也是荒谬至极。一旦这荒唐变为现实，文明那庞大的精密仪器也将随之被毁，而正是它使得芸芸众生的生活成为可能。

——说话人，你的这番话来得太迟了。刚才你还能相信自己说的一切，现在却已几无可能。因为就在不久之前，你同我一道见证了国家的失控，烧炉工们还在往炉子里添煤，可司机却只能假装控制那发疯的机车。就在你说话的那一瞬间，你和我一起听到了经济的操纵间里开始发出的异响，操作工人们装出一副轻蔑的笑容，但死亡已在他们心中蔓延。他们告诉你，他们能调节装置，使其适应社会情况；但你也注意到了，他们今后只能调整调节自身以适应装置，而且还要看装置的脸色。他们的发言人教育你们说，经济继承了国家的遗产，但它能够继承的只有疯狂蔓延的"它"的暴政。在这种情况下,"我"越来越难当家做主，却还梦想着自己才是一切的主宰。

人类的公共生活就像其个体一样，离不开"它"的世界；而"你"的现在却在"它"的世界上空飘荡，就像精神掠过水面。人类的功利意志和权力意志只要与人类的关系意志相互结合，就能为其所承受，表现得自然得当。在欲望脱离本质之前，都不存在邪恶一说；与本质相连、受本质支配的欲望是共同生活的原浆，脱离了本质的欲望则是共同生活的腐朽之基。作为功利意志载体的经济和作为权利意志载体的国家，只要能参与精神，就能参与生活。如果它们抛弃精神，那也就抛弃了生活：生活当然会抽出时间，解决自己的问题；有那么一阵，一切已经乱作一团，可人们却还以为看到了"构成物"的活动。些许直接性的引入，也无济于事，经济和国家的脱离已经无可阻挡，它们不再听命于说"你"的精神，边缘的涟漪，无法取代中心的生动关系。人类公共生活的"构成物"源自关系力量的充盈，后者贯穿前者全身，其与精神的联系赋予了前者血肉之躯。那些臣服于精神的商人政客，绝非不懂内中的道理，他们清楚自己不能作为“你”的载体出现在打交道的人面前，以免他们的成就遭到破坏。尽管如此，他们还是有所作为，只不过并没有孤注一掷，超越精神给他们限定的范畴。所以，他们就被限定在了精神给他们划定的范围之内。若他们敢于冒险，本有希望击破分离的“构成物”，可现在这种冒险却被笼罩在了“你”的现在的阴影之下。他们并没有醉心其中，而是选择委身于过于理性的事实，这种事实不敢与理性对抗，反倒将其牢牢抱在怀中。他们在公共生活中的作为，与在个体生活中无异。这些人自知无法实现纯粹的“你”，只得每天依靠“它”来保全“你”。每天，他们都会按照不同的法规，重新划定界限，发现界限。所以，劳动和占有本身无法获得解脱，而仅能从精神中获得解脱；只有精神在场的情况下，所有的劳动才能具有意义和快乐，所有的占有才能具有威信和牺牲力——凡此种种皆不会太多，但也足以让所有的劳动对象和占有对象停留在“它”的世界的同时，又被美化成对面的事物和“你”的表现。世上不存在倒退，在危难关头只能被迫前进，而且也只有在危难关头才能产生意料之外的进步。

究竟是国家管理经济，还是经济授权于国家，只要两者都未曾发生变化，这个问题就并不重要。国家的规则能否更自由，经济的规则能否更公平，这些的确很重要，却不属于我们要探究的现实生活范畴。总之，它们不可能自发地变得更为自由和公平。说“你”和对生活做出回答的精神是否会留在现实之中？被它带入人类公共生活中的内容是继续做这两个共同体的附庸，还是独立自主？它留存在人类个体生活中的内容是否会再次与公共生活合并？这些才是真正起决定性作用的问题。如果仅把公共生活划分为多个不相干的领域，把“精神生活”算作其中的一个部分，那这一切就都无从谈起了。那些沦入“它”的世界的领域，最后只能屈从于暴力之下，精神也从此失去了它的实在性。因为精神无法独立在生活中产生影响，它必须经由世界，用它那多变的力量穿透“它”的世界。当精神与向它敞开大门的世界相对而立，投身其中，借此拯救它和自己，它才真正适得其所。如今，那些涣散、虚弱、退化、矛盾的智慧取代了精神的地位，要想回归那种状态，它们必须找回精神的本质，重寻说“你”的能力。

因果关系主宰了“它”的世界。每个可被感官感知的“物理”过程以及每个可被自我感知找到或发现的“心理”过程都不是原因便是结果。此外，那些设定目标的过程，也可以被视作“它”的世界的扩展部分：后者可能具有目的论色彩，但这种目的论只会影响部分因果关系，却不会对其完整性产生伤害。

因果关系在“它”的世界中的无上地位，对自然界的科学秩序至关重要，却不会压制人类（因为人本就不会被束缚在“它”的世界中），反倒会一再把他们推向关系的世界。在那儿，“我”和“你”自由对立，相互作用，不受任何因果关系的感染和制约；在那儿，人可以拥有自身的自由和本质的自由。只有知悉关系和“你”的现在存在的人，才有能力做出决定。能够做出决定的人，便是自由的，因为他已接近圣容。

我的所有愿望如火焰般熊熊燃烧，我的所有可能以原始的方式盘绕交错，蕴藏着潜能的目光在四下里来回闪烁，宇宙即是诱惑，我连忙把双手伸入火光深处，去抓住埋藏于此的“我”和“我”的行为：就是现在！堕落的危险已经得到了控制，许多无意义的事物已经不再聒噪地反复强调它们的诉求。最后，只剩下两样事物并肩而立，其一为“幻想”，其二为“使命”。这时，现实正在我心中诞生。如果一样事物得到实现，另一样事物被搁置一旁，消磨我的意志，逐层锈蚀我的灵魂，这可不能算做出了决定。只有将一样事物的力量吸引到做另一样事物上来，用未被选中的那样事物的不懈热情去实现被选中的那样事物，用“邪恶的欲望去侍奉上帝”，才是真正做出了选择，也即选择了所发生的一切。明白了这些，也就明白了这一切为何会被称作恰当、准确：因为有人在校准，有人在做出选择。如果真有恶魔存在，那他也不是与上帝作对的人，而是一直不敢做出决定的人。

因果关系不会压制享有自由的人。人很清楚，此生的本质就是在“你”和“它”之间来回摇摆，体会它们的意义。他既然无法在圣地久留，只要能够反复踏过门槛，他们便心满意足。没错，他不得不反复离开，这也是此生所隐含的意义和命运。跨过门槛之时，他的心中一再燃烧出新答案的火光，也即精神；而在这平凡而充满欲求的世界，他需得小心保管好火种。所谓的必然性，无法将他吓倒，因为他已在圣地里找到了真理，也认清了命运。

命运和自由互立盟约。只有实现了自由的人，才能与命运相遇。我在其中发现指代“我”的行为；通过我的自由行动，隐秘在“我”面前露出真容；但即便我无法如愿行事，隐秘也会在反抗之中露出真容。谁若忘却一切因果，遵从心底的感受做出决定，谁若抛弃财富和长袍，赤裸着出现在圣容面前：命运作为自由的反面，等待着自由者的到来。命运不是自由的界限，而是它的补充；自由和命运相互拥抱，成为意义；命运方才还目光严峻，此时却一脸仁慈地望向意义。

不，因果必然性不会压制将火种带回“它”的世界的人。在健康生活的时代，信心从拥有精神的人身上奔流而出，涌向全人类。所有人，即便是最为愚钝的人，也都用某种方式，在自然、欲望和朦胧之中感受到关系和现在，也感受到了“你”的存在。精神为他们承担了所有的保证。

可在患病的时代，从“你”的世界中奔涌而出的洪流无法像活泉那样穿透和滋润“它”的世界。两者之间有了分离和阻隔，一个生于沼泽之中的巨怪，击败了所有人类。人只能与无法再变成现在的对象世界相处，屈从于此。这样一来，常见的因果关系也变成了压制一切、压倒一切的灾难。

每种流传甚广的文化，都建立在原始的相遇事件、有据可循的对“你”的回答和精神的本质行为之上。精神的本质行为因世代的努力而得以增强，从而在精神之中形成了对宇宙万物的看法——唯有如此，人的宇宙才可能出现。直到这时，人才能放心地在空间中划出教堂和居所，才能用赞歌和乐曲填满飞逝的时间，才能自主建立一个个群体。不过话又说回来，人唯有在生活中实践和忍受本质行为，唯有进入关系之中，才拥有自由，才拥有创造性。如果文化不再处于生动的、不断更新的关系过程的中心，那它就将僵化成“它”的世界，唯有在零散的精神偶有壮举之时，才能间歇性地突破它的防线。从这时开始，原本从不参与宇宙观形成过程的常见因果关系，也就变成了压制一切、压倒一切的灾难。聪慧过人、掌控一切的命运促成了宇宙意义的充盈，也管辖着所有的因果关系，此时却沦入其中，成为与意义作对的灾难力量。因果关系对先人来说是命运善意的安排，因为此生所受的苦难，能为在来世进入更高境界打下基础；可现在，同样的因果关系却被当成了暴君，因为前世的、我们所未知的行为，竟让我们在此世身陷囹圄，难以逃脱。从前的天空围绕着必然性的转轴，笼罩着意义的规则，现在却只剩下行星在无意义地被迫转动。唯有正义，也即“天道”和“人间正道”还在驱使自由的心灵安居于命运的囚笼之内。于是，远离精神的因果命运迫使我们一如既往地背负起了过往世界的累赘。人们渴望救赎，却屡试不得，直到有人教会了我们摆脱命运的轮回，或是有人拯救了屈从于权力的灵魂，重新赋予了它上苍之子的自由，渴望才得以平息下来。这类成就源自新的、实质性的相遇事件，人对自己的“你”做出了新的回应，也由此决定了自己的命运。在这一中心的本质行为产生影响的过程中，一种文化可能会被另一种散发着光芒的文化所取代，也可能会自我革新。

我们这个时代的弊病前所未有，几乎集所有时代的流弊于一身。文化的历史不是永恒的竞技场，不会有一个个运动员前赴后继、毫无所知地丈量死亡的环形跑道。一条无名的道路贯穿了文化的沉浮。这条路不可能一往无前，它可能盘旋下降到精神的地狱，也可能一跃进入内心深处最为细腻和复杂的涡流，那儿没有前进也没有后退，只有前所未闻的突破，也即皈依一途。我们会将这条路走到终点，面对最后一道黑暗的考验吗？滋生着危险的地方，也孕育着救赎。

我们这个时代的生物学和历史诡辩思潮虽然形式各异，却共同促成了我们对厄运的信仰，其坚毅和压抑程度更甚往常。主宰人类命运的已经不再是因果报应和星辰的力量，各种各样的力量都想要获得统治权，仔细观察后我们不难发现，大多数世人的信仰都是各股力量的混杂，就如晚期的罗马人信奉多位神明一样。从这些力量的主张之中，我们不难看出些许端倪。“生存法则”宣扬无止境的战争，认为人如果不拿起武器，就是在放弃生命；“精神法则”主张用与生俱来的习惯欲望不断完善一个人的心理人格；“社会法则”鼓吹社会发展的进程不可阻挡，认为意志和意识都必须随波逐流；“文化法则”断言历史的形成和逝去是一个匀速的、不可改变的过程。这些法则虽然形式各异，其实都是在说人类正身处无法摆脱的变化之中，他们要么只能放弃抵抗，要么就会沦入癫狂。神秘祭祀可以摆脱星辰的束缚，与彻悟相伴的婆罗门献祭可以绕开因果报应的阻隔，两者都实现了救赎，而混合的神明却不能容忍任何对自由的信仰。幻想自由即为蠢行，人只能在顺从奴役和无望地反抗奴役之间做出选择。虽然这些法则中存在着不少目的论的和相关联的发展过程，但他们都沉迷于过程之中，也即以不受限制的因果关系作为根据。过程论的教条主义，无非是人类在日渐壮大的“它”的世界面前俯首称臣的结果。人滥用了命运的名义：命运不是悬在人世之上的一口巨钟，唯有享有自由的人，才能与它相遇。过程论的教条不允许自由以任何形式出现，甚至不允许自由以最为真实的方式——皈依——示人，用它镇静的力量去改变世界的面貌。教条不允许皈依者出现，可他们却借此逾越了无止境的战争，撕破了习惯欲望的谎言，打破了阶级的禁忌，动摇、推进和改造了历史。在人生的棋盘面前，过程论的教条只允许人在循规蹈矩和淘汰出局之间做出选择，可皈依者却推翻了盘上的棋子。教条想让你在生活中恪守约束，以换得灵魂的“自由”，但在皈依者眼里，这种自由无疑是最为卑鄙的奴役。

唯一能将人引向灾难的，就是对灾难的信仰：它隔绝了通向皈依的道路。

对灾难的信仰从一开始便是一种错误的信仰。所有对过程的研究，都不过是将既成事实简单排列，将世上发生的事情分离看待，将历史对象化：这无法通向“你”的现在，也无法产生联合。它无法了解精神的现实，它的模式无法制约精神。根植于对象性的预言，只对那些不了解现实性的人才会有效。只有那些完全被“它”的世界征服的人，才会把宿命过程的教条当作完美解释一切的真理。实际上,它只会让这些人更加深陷“它”的世界之中。不过“你”的世界却并没有关上大门。那些聚齐本性、重拾关系的力量找上门去的人，依然可以拥有自由。从对不自由的信仰中解脱出来，才是真正的自由。

人一旦唤出魔鬼的真名，也就获得了战胜它的力量。与人渺小的力量相比，“它”的世界原本阴森恐怖，但谁若认清了它的本质，就能将它征服。“它”的世界无非是人的异化和分离，人若能充盈自身，就能与每个尘世间的“你”相遇。他可能给人一种圣母般高大威严的感觉，其实却如母亲般慈祥。

——可如果人的内心之中蹲坐着一个幽灵，一个脱离现实的“我”，那唤出魔鬼真名的力量又该从何而来呢？关系的力量在被夷为平地之后，又被精力充沛的幽灵在废墟上不断踩踏，它该如何在人身上重获新生呢？人被脱离“我”的欲念在空茫之地上不停地追逐之后，又该如何振作自己？生活在专断之中的人们，该如何获得内心的自由？

——自由和命运紧密相连，专断和灾难也密不可分。只不过，自由和命运互立盟约，它们相互拥抱，成为意义。专断和灾难分别是精神的幽灵和世上的梦魇，它们只能擦肩而过，相互避让，不发生任何联系和摩擦，在无意义中共生。直到有那么一瞬间，它们面面相觑，不得不分头承认自己无法获得救赎。今日之人，不知花费了多少言辞和智慧，只为了一再掩盖这件事情。

自由的人不会有专断的欲求，他相信事实，也就是说：他相信“我”和“你”真实存在，也相信两者之间存在真实的联合。他相信命运，也坚信命运需要他：它不会束缚他，而是在等待他。他要到它那儿去，虽然他还不知道它身处何方，但他知道，他必须为此倾注全部本质。发生的一切，不一定会如他所愿；但只要他做出了决定，该发生的总会发生。为了实现不受拘束、拥抱命运的宏大意志，他必须牺牲受事物和欲望决定、缺少自由的渺小意志。他不再干涉命运，却也不会听天由命。他倾听自身的变化，倾听本质进入世界的经过；但这并不是为了随之而去，而是为了用人的精神、行为和生死将其实现为理应实现的样子。我说他相信什么，其实是在说他遇到了什么。

专断的人什么都不相信，也什么都遇不到。他的眼里没有联合，只有外头那焦躁不安的世界和急功近利的欲望。我们只需要给被利用的事物安上一个古老的名字，就能将它排入神明之列。他说“你”的时候，心里想的其实是“可被我利用的你”；被他称为命运的事物，其实只是他所能利用的工具和手段。事实上，他根本就没有命运，只能在自高自大的专断之中被事物和欲望所决定。他没有宏大的意志，只有依靠专断。他虽然把牺牲挂在嘴边，却无力做出牺牲。你不难发现，这类人从不会有具体的目标，从不亲力亲为。他不断干涉命运,但他的目的却是“听天由命”。他会对你说，为什么不给命运推波助澜，为什么不用既有的手段实现目的呢？他就是这样质疑自由之人，而且也只能这样做。可自由之人却并无目的，所以也无手段可用，他只能做一件事情，那就是通过他的决定，一步步接近命运。他做出决定，每到一个岔路口，他都会重新做出选择。但他宁愿相信自己已死，也不愿相信光有决定还不能实现宏大的意志，竟然还需辅以其他手段。他因相信而相遇。而那些生来便毫无信仰的专断之徒，他们所能感知到的唯有怀疑和专断，唯有设定的目标和虚构的手段。没有牺牲，也没有恩赐，没有相遇，也没有现在。他们的世界是一个唯有目的和手段的世界，它也只能如此，而这就是灾难。在自高自大的过程中，他几乎不可避免地陷入了不真实之中。其实只要他能责躬省过，就依然能明白这一点——也正是因此，他反倒竭尽自己最为出色的智慧，来一再逃避自省。

可对堕落、脱离现实的“我”和实际的“我”的反省，却能飞身坠入绝望的土壤之中，那儿正是自我毁灭和重获新生的开始，也是皈依的开始。

《百道梵书》(*Brahmana der hundert Pfade*) 中记载了一场众神和众魔鬼之间的争辩。魔鬼说 :“我们能把祭品贡献给谁呢？”于是，他们把所有的祭品塞入了自己的口中。而众神却把祭品相互送入对方的口中。造物之主则把自己献给了众神。

——“它”的世界唯我独尊，它与成为“你”无关，也不受其影响，所以它异化成魔鬼，也就不足为怪了。可是，一个人的“我”是如何像你所说的那样与现实脱离的呢？无论身处关系内外，“我”都保有其自我意识，它就像一根金线，把不同的状态串联了起来。在“我看你”和“我看树”中，“看”的现实程度或许有所不同，但“我”的现实程度总归是一样的。

—— 那就让我们检验一下情况是否如此。语言形式说明不了问题。许多人或出于习惯，或因为愚钝，口中说“你”，其实指的是“它”；许多“它”指的却是“你”，人们只有在相隔许久之后用尽全部本质，才能体会到它的现在性。同理，许多“我”也只是一个必要的代词，指代“正在说话的那个人”。而自我意识呢？如果一个句子中指的是关系之中的“你”，另一个句子中指的是经验之中的“它”，即便两个句子中都有“我”，可难道它们是经由同一个自我意识说出的吗？

“我－你”中的“我”与“我－它”中的“我”不同。

“我－它”中的“我”是孤体，它的自我意识是（感知和使用的）主体。

“我－你”中的“我”是个体，它的自我意识是（没有相关所有格的）主体性。

孤体与其他孤体脱离。

个体与其他个体产生关系。

前者是自然分离的化身，后者是自然联合的化身。

分离的目的是感知和利用，而感知和利用的目的则是“生活”，也即在活够一生后死去。

联系的目的是自己的本质，也即与“你”的接触。每与一个“你”接触，我们都能感受到永恒生命的气息。

身处关系之中的人，也参与到现实之中，也就是说：他所参与的存在，既不完全与他相关，也不会彻底与他无关。所有的现实都是我可以参与，却不能拥有的活动。没有参与，也就没有现实。与“你”的接触越是直接，参与也就越是充分。

“我”参与现实之中，方才变得更为现实。参与越是充分，“我”也就越是现实。

但“我”在脱离关系事件，进入分离和分离的自我意识时，也不会脱离现实。参与依然被生动地保留在了他的体内。换而言之，一句话道出了至高无上的关系，也放之四海而皆准，那就是“种子依然在他心中”。这就是属于主体性的领域，“我”的联合和“我”的分离在此融为了一体。我们必须用动态的眼光理解真正的主体性，把它视作“我”在孤寂的真理中来回摇摆。也正是在这儿，诞生了我们对更高、更绝对的关系的追求和充分参与存在的追求。个体的精神实质在主体性中变得成熟。

个体在意识中把自己视作参与存在的人，共同存在的人，继而视作存在的人。孤体在意识中把自己视作仅能如此存在的人。个体说“我是……”，孤体说：“这样才是我。”对于个体而言，“认识自己”意味着认识自己的存在；而对于孤体而言，它意味着认识自己那样的存在。孤体既然与他者分离，便也远离了存在。

这并不是说，个体放弃了自己“特殊的存在”和“不同的存在”，只不过它们并不是关注的中心，而只是存在的一个必要和有意义的侧面。孤体却纵情享受自己“不同的存在”。在更多情况下，这只是一种虚构的“不同的存在”，可他却在其中怡然自得。因为对他而言，“认识自己”多半只意味着创造一种可行的、足以自欺欺人的幻象，并通过注视和崇拜这种表象认识到自己那样的存在。人真正认识到这些的那一刻，便是孤体走向自我灭亡——或者说是走向重生之时。

个体关注着自己，孤体则在研究“我的”：我的本性，我的种族，我的创造，我的智慧。

孤体不参与现实，也得不到现实。他与他者分离，只知道通过感知和使用去尽可能多地占有他们。这就是他的动力学：分离和占有，都作用于“它”和非现实。这样的主体虽然拥有许多，却并不能转化为实体，他只得处于一种零散、功利的状态，只能做感知者和使用者，别无其他。他种类繁多的“那样的存在”，以及他勤奋的“个性”，都不能帮助他成为实体。

世上不存在两类人，人性却存在两极。

没有人是纯粹的个体，也没有人是纯粹的孤体；没有人完全现实，也没有人完全脱离现实。每个人都生活在双重的“我”之中。但有些人受个体支配，故可称其为个体；有些人受孤体支配，故可称其为孤体。真正的历史，就在这两者之间展开。

越多的人和人群为孤体控制，“我”就在不真实之中坠落得越深。在这样的年代，个体不得不在人和人群中小心地隐蔽潜藏，直到他再次被召唤。

双重的“我”越接近“我－你”之中的“我”，人就越具备个体的特征。

在一个人说出“我”之后，其所指的不同，就决定了这个人的归属和方向。“我”是识别人所属群体的口令。

听好它就足够了！

孤体的“我”，是多么难听刺耳！它若出自一个悲剧式的、隐瞒自我矛盾的人之口，会让人心生怜悯；它若出自一个混乱无章、矛盾重重、无知无畏的人之口，则会让人心生恐惧；而它若出自一个空虚圆滑的人之口，则只会让人感到不快和反感。

强行想要把分离的“我”说出口，恰恰是世界精神沦为孤体智慧的可耻表现。

而苏格拉底口中那生机勃勃、铿锵有力的“我”却是多么动听悦耳！那是处在不断对话中的“我”，对话的气氛伴随着它走遍了所有的路途，甚至也伴随它来到了法官的面前，陪伴着它度过了狱中的最后一段时光。这个“我”生活在与他人的关系之中，对话就是它的表现。它相信人的真实性，也愿意与人相交。所以，它与世人一道生活在现实之中，再也没有被现实抛弃。它或许孤独，却并没有被抛弃，如果人类的世界对它保持沉默，它也会听见神灵在对它说“你”。

歌德完美的“我”是多么动听悦耳！它是与自然水乳相融的“我”，自然委身于它，不停地跟它说话，向它暗示自己的秘密，却不会完全泄露自己的隐秘；它相信自然，当它对玫瑰说“这就是你”时，就与玫瑰一同生活在现实之中。所以，当它回归自己时，现实的精神也与他相伴，太阳的影子映在幸福的人眼里，让它回忆着灿烂的阳光，自然元素的友谊伴随着它进入死与生的静谧。

身处联合之中的苏格拉底和歌德的个体，他们所说出的“我”充盈、真实、纯粹，得以响彻世代。

且让我们在无条件关系的世界中再举一例：耶稣所说的“我”，何尝不是生机勃勃、悦耳动听，因为这是无条件关系中的“我”。在这种关系中，人把“你”称作父亲，自己却仅以人子自居。他每次说“我”，指的都是基本词汇中的“我”，也随之一道进入无条件的世界。即便是在分离的撩拨之下，联合也是更为强大的一方，他只会从联合之中对他人说话。你们想把这个“我”限定为自身的力量，把“你”限定为我们内心的力量，使现实中现在的关系失去现实性，这一切都只是徒劳：“我”和“你”依旧存在，每个人都能借说出“你”而成为“我”，每个人都能借说出“父亲”而成为“儿子”，现实依旧存在。

——可如果一个人的使命让他只能意识到自己与事业的联合，却意识不到与“你”的现实关系和“你”的现在性，如果他周围的一切都成了服务于其事业的“它”，那又会怎么样呢？拿破仑说的“我”又是怎样一番景象？它难道就不合情合理吗？这种感知和使用的现象就不能成为个体了吗？

实际上，这位时代的弄潮儿根本就不知道有“你”存在。有人曾恰到好处地总结说，一切事物在他眼里都只有价值。他将在他下台后背叛他的随从比作彼得（Petrus）[1]，以示对其的不屑；他自己则不可能背叛任何人，因为在他的眼里，根本就没有他人。他是无数人眼中那个魔鬼般的“你”，他或不对他人做任何回应，或是用“它”来回应“你”，或是用虚构的人格来做出回应——也就是说，他只会在自己事业的范围之内，用行动来做出回应。这便是历史最为根本的局限性所在，表现联合的基本词汇失去了它的现实性和相互作用特征：魔鬼般的“你”，不可能成为真正的“你”。这个位于个体和孤体之外的第三者，既不是自由的人，也不是专断的人，也不介于两者之间。他是特定时期宿命使然的产物：一切的火光都涌向他，他却独自站在冰冷的火焰之中；千万层关系涌向他，他却不与任何人产生关系；他不参与任何现实，却被无数人当作现实参与。

他大概把周围的事物当成了一个个有着不同用途的马达，为了实现他的事业，它们可以被他随意算计和使用。他或许也把自己当成了一个马达，只不过他究竟有多大的作用力，还是一个未知数，还需通过一次次实验探究。他

[1] 彼得是耶稣最为亲近的门徒之一，根据《圣经·新约》的记载，耶稣被捕以后，彼得失去信心，别人问他是否是耶稣的门徒，他如耶稣预言的那样三次矢口否认，直到耶稣复活后，才重塑信心。

也把自己当成了“它”。

所以，他所说的“我”绝不会生机勃勃，铿锵有力，完整无缺。不过，它也不像现代孤体的“我”那样具有欺骗性。它从没有谈及自己，而只是“从我谈起”。他口中和笔下的“我”，除了作为句子的主语，表达其判断和命令，再也没有其他用途。它没有主体性，却也没有“那样的存在”这类自我意识，不会对自身产生幻想。“我是一块钟表，存于世上却并不了解自己。”——拿破仑曾这样总结自己的命运、现象的现实性和其自我的非现实性。下台之后，他终于有机会反思和言说自己，他的“我”也在这一刻重新现身。重新现身的“我”不是单纯的主体，但也不会陷入主体性之中，它失去了魔力，但并没有得到救赎，它说出了那句可怕、合理却又不合理的话：“苍天在看着我们！”最后，它又重新坠入了隐秘之中。

在经历了这许多兴衰之后，谁又敢说拿破仑明白了自己非凡的、恐怖的使命呢？或者，谁又敢说他误解了自己的使命？显然，是把魔鬼和非现在视为主人和榜样的时代误解了他。它不知道掌控一切的是命运和它的执行，而非权力的爆发和享受。它为他额头上的威严欣喜若狂，却像看不懂钟面上的指针那样，看不懂画在他额头上的符号。它竭力模仿这种看待本质的目光，却忽视了它的必要性和强制性，用“我”的严厉取代了膨胀的自我意识。“我”

这个词依然是识别人所属群体的口令。拿破仑的“我”没有关系的力量，但他把它当成了一个执行命运的过程。那些试图效仿他说话的人，只会暴露自己无可救药的自相矛盾。

——什么是自相矛盾？

——如果人不能将关系的先验性保留在世界上，不能在相遇者身上实现天生的“你”，那它就会闯入人的内心。它在最不自然、最不可能的事物，也即“我”的身上生根发芽：也就是说，它在无处生根发芽的地方生根发芽了。于是，相互对立的关系就存在于人自身，这无法用关系、现在或相互关系解释，那就只能是自相矛盾了。人喜欢把它解释为一种关系，如宗教关系，从而借此逃避直面自我的恐惧：但他总能发现这种解释其实只是自欺欺人。在这里，一样未完成的事物遁入了业已完成的荒唐表象中难以自拔，它在错误的道路上摸索前行，也越陷越深。

有时候，“我”与世界之间的异化会让人心惊胆战，迫使他采取某些行动。你在半夜被噩梦折磨得无处可逃，看到深渊向你呼喊，于是，你在痛苦之中发现：生活犹在原地，我只需穿越到它的身旁——可怎么穿越，怎么过去呢？这就是人类在思索时的状态：心惊胆战，犹豫再三，却又毫无目标。或许他还记得方向，那就是一路向下，进入不受欢迎的深渊之中，通过牺牲，最终走上皈依的道路。但他却把这个念头抛在了一边，因为“神秘主义”忍受不了太阳的光芒。他唤来自己颇为信任的思想，吩咐他把一切都纠正过来。规划一个值得信赖、栩栩如生的世界观，正是思想的拿手好戏。于是，人对自己的思想说：“看看那些躺在那儿的怪物，它们不就是我从前的玩伴吗？你还记得它们从前笑着看我的样子吗？当时他们是出于好心。再看看悲惨的‘我’，我不得不向你承认，它里头空空如也。虽然我一直试图用感知和使用将它填满，但就是没法深入它的洞穴。你愿意修补我和它们之间的关系，叫他们离开，让我有时间复原吗？”于是，忠心耿耿又技艺高超的思想很快便在左右两面墙壁上绘制了一幅——不，是两幅画卷。其中一幅“画着”（准确地说，是“出现了”，因为思想中的世界观就如一段可靠的电影）宇宙。地球从一众星辰中脱颖而出，人类从万千生物中崭露头角，随着时间的流逝，他们书写了自己的历史，它们将文化的蚁丘撕成碎片，又固执地重建新的文化。这幅画卷的下方写着“一生万物”。另一面墙上出现了灵魂。一个纺织女工正在编织着星辰的轨迹和万物的生命，编织着全部的世界历史，所有的一切都由一根细线织成，所以它们不再是世上的星辰和万物，而是感受和想法，或者干脆成为经历和精神状态。这幅画卷的下方也写着“一生万物”。

此后，当人再被异像所惊吓，再因世界而感到心惊胆战时，他只需左顾右盼，就总能看到其中一幅画卷。于是，他看到“我”消失在了世界之中,“我”其实根本就不存在，世界也不能对“我”造成伤害，于是他便安下心来；或者，他看到世界消失在了“我”之中，世界其实并不存在，所以世界根本不能对“我”造成伤害，于是他也安下心来。此后，当人再被异象所惊吓，且因“我”而感到心惊胆战时，他也只需抬头看其中一幅画卷。无论他看到的是哪一幅，空虚的“我”都会被世界所填满，乃至被世界的洪流所淹没，于是他也就安下心来。

然而，有那么一刻即将来临。心惊胆战的人抬头望去，却在一瞬间同时看到了两幅画面，于是，一种更深的恐惧袭上他的心头。

第三部分

你

延长的关系线在永恒的“你”中交会。

每一个单独的“你”都能让人瞥见永恒的“你”。基本词汇通过每一个单独的“你”对话永恒的“你”。借助万物之“你”的中间人角色，关系得以成立，或者说是不成立。与生俱来的“你”可能在任何关系中变成现实，却不能在任何关系中实现圆满。它只能在与永恒的“你”的直接关系中实现圆满，因为后者从本质上就不能成为“它”。

人赋予了永恒的“你”许多名字。他们歌颂这些名字时，心中想的依然是“你”：最早的一批神话即是赞歌。随后，这些名字陆续回到了“它”的语言之中，人们越来越倾向于把永恒的“你”当成“它”来思考和称呼。但一切神明的名字依然还是神圣的，因为人们在用它们称呼神明的同时，也在向神明倾诉。

有些人主张合理使用“上帝”这个词，因为它经常遭到滥用。显然，这个词也是人类词语中负担最重的那个，也正是因此，它也是最为永恒、最不可或缺的一个词。所以，如果所有与上帝对话的人，心中所想的也是上帝，那即便他们妄言了上帝的本质和功绩（何况他们也不可能有别的话可说），那又有何妨呢？如果那些说出“上帝”一词的人，其本意也是想说“你”，那无论他如何胡思乱想，都是说出了他生命中真实的“你”。这个“你”不受任何限制，他与这个“你”之间的关系，也包容了其他所有关系。

即便是那些厌恶这个名字、误以为自己是无神论者的人，只要他倾其所有本质说出生命中这个不受任何限制的“你”，便也是在与上帝对话。

假设我们在路上走，迎面走来一个人与我们相遇，与我们擦肩而过，那我们也只能知道自己的路，而不清楚他的路，因为我们只是在相遇的过程中才对他的路略知一二。

从完整的关系过程中，我们通过亲身经历知晓了我们的去向和出路。对于其他的道路，我们无从全部知晓，只能在相遇时略知一二。但如果我们把它们说成是相遇之外的事物，那就未免有些过分了。

我们应该研究和关心的不是彼岸，而是此岸，不是恩赐，而是意志。只要我们接近恩赐，追求它的现实性，而不把它当成对象，它必然会眷顾我们。

“你”来与我相遇,我却与它产生了直接的关系。因此，选择与被选、受难与行动之间有着相同的关系。一次用上全部本质的行动，必然扬弃所有的部分行为，进而扬弃所有具有局限性的行为感受，于是便也同受难相差无几了。

这便是日趋完整之人的行动，它可被概述为“无为”二字：人无法单独或部分行动，也无法以这种状态入世，只有完整的、处于完整的状态之中的人才能在世上有所作为，才能成为有影响力的整体。如果能持续保持这种状态，那人便具备了至高无上的相遇能力。

为了实现这一点，我们无需多走弯路，把感官世界当作表象世界。世上没有表象世界，只有世界，由于我们的双重态度，世界也显出双重性。必须扫除的是分离的障碍。我们无需“超越感官感知”，因为每一种感知，即便再为玄奥，都只能作为“它”存在。我们无需求助思想和价值世界，因为它们没法成为我们的现在。既然这些皆非必要，那能否说说我们究竟需要什么呢？这其实没有成文定律可言。历代的人类精神总爱思考发明出许多规定，所有的这些准备、训练和用心，其实都与最为简单的关系事实毫无关联。无论这样那样的训练能给我们的认知和影响力带来哪些好处，都与我们当前的话题无关。它在“它”的世界中占据一席之地，却无法跨出其中，迈出那关键的一步。成文定律，无法带领我们走出去。想要实现这一点，人们必须划定一个圈子，并将所有不属于此的东西排除在外。

如此一来，重要的事情便也显露了出来，那就是完全接受现在。

显然，人在分离的道路上走得越远，就越需要更大的勇气、更彻底的皈依来接受现在，但这绝不是像神秘主义所主张的那样，需要人抛弃“我”：“我”在任何关系中都是不可或缺的，在至高无上的关系中也是一样，因为关系只能在“我”和“你”之间存在。需要放弃的不是“我”，而是那错误的自大欲望，因为它使得人们脱离不确定、不实在、无期限、不可估量且危机重重的关系世界，转而靠占有物来寻求安逸。

人与世上每一物体和本质的真实关系，都是唯一的。人只需要动身出发，大胆走出去，就能看到唯一的“你”在对面守候。它充盈天际：这并不是说除此之外别无他物，只不过其他事物都生活在它的光芒之下。只要关系的现在得到保持，它便放之四海而皆准。正如一旦“你”变成了“它”，关系的普遍性便无法存在，它被排除在外的那一刻，宇宙也被排除在外。

在与上帝的关系之中，无条件的唯一性和无条件的包容性其实是一回事情。进入绝对关系的人，便不再与任何个体、事物、本质乃至天地相关，但一切其实都已经包含在了关系之中。因为进入纯粹关系并不是目空一切和放弃世界，而是把一切都视作“你”，为世界打稳根基。对世界置若罔闻，无益于接近上帝；在世界中流连忘返，也无益于接近上帝；只有能看到上帝心中的世界的人，才处于他的现在之中。“世界在此,上帝在彼”,这是“它”的言论；“上帝在世界之中”，这是另一种“它”的言论。我们不应排斥和舍弃任何东西，整个世界都应进入“你”之中；我们要赋予世界权利和真理，不要把任何事物排在上帝之外，应把一切都纳入上帝之中，这才是完整的关系。

待在世界之中，找不到上帝；走出世界之外，也找不到上帝。“你”无法寻找，人只能倾尽全部本质向其靠拢，把世间的一切都纳入它的范畴。

上帝当然“与众不同”，但其实他也处于现在之中，从这一点看，他与我们并无不同。

他固然是令人生畏的隐秘，能现身战胜一切，但他也是最为不言而喻的秘密，甚至比我的“我”更接近于我。

你若想探究物和条件的生命，那就将陷入无解；你若想否定物和条件的生命，那就将陷入虚无；唯有对神圣的生命怀有崇敬之情，你才能遇到生机勃勃的上帝。

人因关系而与每一个“你”相连，然而“你”终将变为“它”，人对“你”的感觉也必将经历一个失落的过程，但又必须在不抛弃它的同时超越它，由此向着永恒的“你”

走去。这不是在寻找什么：事实上，人根本就无需寻找上帝，因为上帝无处不在。偏离生活轨道、四处寻觅上帝的人，其实是多么愚蠢和绝望啊！即便他获得了一切孤独的智慧和沉思的力量，也依然找寻不到上帝。更好的方法，是走自己的路，并希望这就是正确的道路，他对上帝的神往，都体现在了希望的力量之中。每一个关系事件都是一个能让他看到愿望实现的车站，所以他既没有参与这些过程，又全程参与其中，因为他是现在的。他带着期待而不是寻觅的心情，走上了自己的道路。因此，他在万物面前都能保持镇静，并在与它们的接触中得到帮助。即便他已经找到了上帝，即便他已经万物归一，他的心也依然没有撇下它们。他祝福所有曾经收留过他的小房间，并还会回到那儿去。因为寻到上帝不是长路的尽头，而只是永恒的中点。

不经寻觅反而能找到上帝，并发现最为原始和本质的事物。“你”的感觉在找到无尽的“你”之前都不会满足，而从一开始起，无尽的“你”对它而言便是现在的。只有借助神圣世间生活的真实性，它才能感受到现在的真实存在。

我们无法借助外物推知上帝，例如把他视作自然的创造者和历史的指挥者，或者把他视作主体中不断思考的自我。不是先有别的东西“存在”，再由此推导出上帝；上帝与我们直接联系，并永远存在：它只可被称呼，不可被表述。

在与上帝的关系之中，人会有一种最基本的感情，也即依赖感（近来被更准确地称为造物感）。虽然这种基本元素所强调和决定的事物都没有错，但越是有失平衡地强调这种特性，就越容易对完整的关系产生误解。

之前对“爱”的论述，也更为适用于此处：感情只是关系事实的附属品，它不在灵魂之中产生，而在“我”和“你”之间出现。无论人把一种感情看得何等重要，它都必须适应灵魂的变化，一种感情也会被另一种超越、覆盖和消除。与关系不同，所有的感情都处于同一根刻度尺之上。最重要的是，每一种感情都处于对立的两极之间，它的态度和意义并不由其自身决定，还取决于它的对极；每一种感情都是由对立所决定的。绝对关系已经包含了所有相对性，它不再是一个部分，而是一个完整和统一的整体。如果再把它还原成孤立、突兀的情感，那就是在心理学上将其局限化了。

从灵魂来看，完整的关系只能是双向的，只能被视作对立统一，也即情感的对立统一。当然，在个体基本宗教观念的影响下，其中的一极消失在了回顾性的意识之中，只能经由最为纯粹、最为自然的冥想被回忆起来。

没错，在纯粹的关系之中，你总会有一种依赖的感觉，这是你在其他关系中所感受不到的——当然，你也感到前所未有的自由，你既是生物，又是造物者。所以，你不再只有一极，且要受另一极的限制，你同时拥有了不受限制的两极。

你时刻在心中谨记，自己对上帝的需求胜过一切。可上帝难道不也需要你来实现他作为永恒的“你”的充盈吗？如果上帝不需要人，那又怎么会造人，那世上又怎么会有你出现呢？你为了存在而需要上帝，上帝为了赋予你生活的意义而需要你。有些啰唆的劝导和诗歌说了太多不该说的话，这些含糊不清、骄傲自大的言辞，还在说什么“上帝正在生成”——可我们在心中早已坚信不疑：上帝既已存在，又在生成。世界不是神明的游戏，而是神圣的命运。世界存在，人类存在，如同你我的凡人存在，都有其神圣的意义。

造物的过程便发生在我们身上，它在我们身上和周围发光，我们在它面前战战兢兢，难以自持，唯有俯首称臣。我们也参与造物的过程，我们与造物者相遇，我们自告奋勇，想要成为他的助手和追随者。

上帝有两位伟大的仆人亘古不变，那就是祈祷和牺牲。祈祷者毫无保留地依赖上帝，他也能以一种难以言说的方式影响上帝，虽然他不一定能得到上帝的影响，他若无欲无求，便能看到自己的影响熊熊燃烧。而牺牲者呢？我无法轻视他，虽然他只是远古时代忠实的奴仆，一心以为上帝会渴望从他们的燔祭中得到香火：他愚蠢却坚定地认为，人能够也应该供奉上帝，那些把自己渺小的意志奉献给上帝，却在宏大的意志中与其相遇的人，也对此深以为然。上帝所说的无非是“你的意志将实现”，而事实则会把这句话补充完整：“你的意志将通过你所需要的我来实现。”牺牲和祈祷与各类魔法巫术有何区别？后者只想在关系之外产生作用，它玩弄的只是空虚的本领；前者却“直面圣容”，通过完成神圣的基本词汇实现相互影响。它们说“你”，也在仔细聆听。

若把纯粹的关系视作一种依赖，就会使关系的一个承载方失去现实性，从而也让关系本身失去现实性。

从另一方面看，人若把“自我沉思”和“自我化身”视作宗教行为的本质，结果也是如此。前者意在摆脱所有“我”的条件，让上帝进入无我的本质之中，或让无我的本质升华为上帝；后者把自我理解成同时思考和存在的神圣合体。前者认为，在某个崇高的时刻可以停止说“你”，因为实际上“我”和“你”这组双重关系已不存在。后者认为说“你”根本就不是真实的行为，因为实际上“我”和“你”这组双重关系已不存在；前者坚信人和上帝可以结合，后者坚信人与上帝本为一体。两者都主张远离“我”

和“你”，前者进入了心醉神迷的状态，后者则是一种存在和思维主体自我洞察的体现。两者都摒弃了关系的存在，前者任凭“我”在一个动态的过程中被“你”吞没，这样一来“你”也不再是“你”，而成为独立的存在；后者则是一个静态的过程，“我”在蜕变成自我之后，就把自己当成了独立的存在。“我”本是纯粹关系的重要承载者，如果说“依赖说”错在把“我”看得过于虚弱和无用，那“自我沉思说”就使得关系在即将建立时消于无形，“自我化身说”则把关系当成了一个需要被克服的幻象。

这两种说法都基于“神我合一”的伟大格言。前者基于约翰（Johannes）学派的“我和神父本为一体”，后者则基于桑迪亚（Sandilya）[1]的教诲“包罗万象的是我内心中的自我”。

这些格言所指明的道路其实也充满了矛盾。前者源自个人在经过地狱锤炼后的充满神秘的生活，而后逐渐发展成一门学说；后者先是出现在一家之言之中，而后（首先）发展成了个人的充满神秘的生活。在发展的过程中，格言的特性也发生了变化。约翰学派的耶稣本是一个化为肉身的词语，等到演变为埃克哈特（Eckhart）学派后，上帝就永存于人类灵魂之中了。《奥义书》（*Upanischad*）尚且

[1] 桑迪亚（Sandilya）是婆罗门教历史上的一位哲学大师，约生活在公元前8世纪。译者注。

对自我赞赏有加，认为“此即真，真即我，我即你”，可没过多久，佛教就将自我废黜在了一旁，认为“诸行无常，诸法无我”。

这两条道路，其实都在将开始和结尾区分对待。

凡是逐章读过《约翰福音》的人，都应明知“神我合一说”其实并无依据。实际上，《约翰福音》讲的正是纯粹的关系，也比诸如“我即你，你即我”这类故弄玄虚的格言更为真切。父亲和儿子——不妨干脆说“上帝和人”本是同类，也是无比真实的两个原始关系载体，上帝对人发号施令，人对上帝仰望倾听，两者之间充满了认识和爱。对于儿子而言，即便父亲就住在他的心中，在那儿产生着影响，他也依旧会在“强者”面前跪下身来祷告。当代人试图将基于对话的原始关系等同于“我”与自我的关系，或是把它限制为一个人类内心自我满足的过程，这一切努力都只能是徒劳，也极大地脱离了现实。

——那神秘主义呢？它曾告诉我们说，无需两分便能达成统一。我们可以质疑这番话的真实性吗？

——我所知晓的人类感知不到双重性的情况不止一种，而有两种。神秘主义有时会将两者混为一谈，我也曾经犯过类似的错误。

其一是灵魂的统一。这个过程不是发生在人和上帝之间，而是发生在人自己身上。所有的力量集合到一起，可谓无坚不摧，无往不前，本质独自站在一边欢呼雀跃，或者像帕拉塞尔苏斯（Paracelsus）所说的那样，欣喜若狂。这是人一生中最为关键的时刻。离开了它，人就无法取得精神成就；有它在时，人会在心底最深处掂量现有的精神成就是已能满意，还是尚有不足。在成为统一的整体之后，人得以走出去，与隐秘和福祉完全相遇，但他也可能安于现状，只知享受眼前的幸福，不再履行神圣的义务。人生路上的一切都是决定，它们有的是共同的决定，有的是有所预知的决定，有的则是隐秘的决定。内心最深处的决定也是最隐秘、最重要的决定。

其二是关系最为神秘莫测的行为，它被人们幻想成了合二为一："一一结合，赤诚相见。"随着"我"和"你"的没落，方才还与神明相对而立的人，现在也进入其中，被神祇化和圣人化，统一也就由此出现。可即便是在被神化之后，人终将拖着疲惫之躯面对人间的重重困境。这时候，他的存在难道不会发生分裂，使他意识到自己其实没有那么神圣？既然这个世界与统一无关，那即便我的灵魂能够脱离世界进入统一，又能有何助益呢？——"神仙一般的享受"对于一分为二的生活又有何帮助呢？天上那充盈富足的一瞬，与我在地上贫瘠潦倒的一瞬毫无瓜葛，既然我还要在地上生活，那又为何要过天上的日子呢？所以，那些名师大家自甘放弃"统一"的幸福和喜悦，也就不难理解了。

因为“统一”并不存在。且让我以那些沉浸于性爱满足的人试举一例：他们陶醉在相互拥抱的奇妙感受之中，对“我”和“你”的认识完全被合二为一的感受所取代，但这种感觉其实并不存在，也不可能存在。那些欣喜若狂的人眼中的“统一”，无非是关系活跃的动力。它不是属于现时现世的统一，无法将“我”和“你”汇聚到一起，而是关系本身的动力；它出现在两位站立不动的承载者之间，给他们带去欣喜的感觉。这是关系行为突破边界的表现，人强烈感受到了关系和它的动态统一，却忘记了它的原貌。由于它的出现，其所联系的“我”和“你”反倒被人所遗忘了。这其实是一种边缘现象，现实一旦跨过了边界，就开始变模糊。但相比所有这些处于存在边缘的神秘现象，对我们更为重要的是在日常生活中处于中心地位的现实性（它就像一缕斜阳映照在槭树枝上）和对永恒的“你”的想象。

“自我化身说”也许会如此反驳：宇宙的本质就是自我的本质，无论如何说“你”，都无法保证最终的现实性。

其实这种学说自身便对这种质疑做出过回应。《奥义书》记载，主神因陀罗（Indra）曾向造物之神生主（钵罗阇钵底）请教如何找寻和认出自我。他求教了一百年，两度无功而返，直到最后方才彻悟：“人若能在沉睡之中无梦而息，那便是自我，那便是不朽、安全和宇宙的本质。”因陀罗欣然而去，但很快就有了新的想法，只得去而复返，继续求教道：“哦，至尊，倘若如此，则人必不可自知，因为人无法区分‘这是我’‘那是众生’。人终将陷入灭亡，我在其中看不到任何帮助。”“确是如此。”生主答道。

尽管这种学说提及了真实的存在，但它却总是言及那些与此生无关的真实性，而与人所亲历的现实毫无共通之处，它只会将后者贬入现象的世界。只要这种学说旨在引导人对“真实的存在”进行沉思，就不会进入人所亲历的现实，而只会把人带入“灭亡”，因为那儿没有意识，也没有记忆。由此间逃离的人在诉说其经历的时候，总会使用“非双重性”这类存在局限性的词汇，却不敢就此宣告“统一”。

我们在此生，而非其他更接近现实的地方得到了现实，它是我们神圣的财富，我们只想以神圣的方式将其妥善保管。

亲历的现实中没有存在的统一。现实仅存在于影响之中，它的力量和深度也屈居于它们的影响。只有存在相互影响，才有“内在的”现实。在最为强烈也最为深邃的现实中，世间万物都在产生影响，其中既有毫无保留的人，也有包罗万象的上帝，既有统一的“我”，也有无限的“你”。

统一的“我”：正如上文所言，灵魂在亲历的现实中得到统一，所有的力量集中到一起，这是人一生中最为关键的时刻。但与“自我沉思”不同，它并没有抛弃真实的人。

“自我沉思说”只想保留“纯粹”的、特有的和持续的事物，而摒弃其他一切；而“我”的统一不会嫌弃欲望太不纯粹，感受太肤浅，情感太仓促——它必须包容一切，征服一切。它要的不是孤立的自我，而是完整的人。它言说事实，也成为事实。

“自我沉思说”主张并预言人需得通过沉思成为唯一的思想者，成为“思考世界的人”，成为纯粹的主体。但在亲历的现实中，根本不存在没有思想的思想者，思想者对思想的作用，并不逊于思想对思想者的作用。主体如若脱离对象，便是在脱离现实。单纯的思想者，首先只能作为没有想法的有限概念存在于思想之中，充当它的产物和对象；其次，是存在于死亡的预先限定之中，也即处于长眠不醒的状态；最后，则是存在于那些鼓吹沉思状态的学说之中，沉思的状态近似长眠不醒，其本质决定了它既无意识，也无记忆。这三者可谓“它”之语言的巅峰。我们不得不佩服这种抛弃真实的崇高力量，但在佩服它的同时，我们必须认清它只是一种体验，而不是生活。

佛陀身为“修行圆满者”和完成者，对此闭口不谈。他拒绝就统一是否存在发表意见，也拒绝说明经历了所有沉思考验的人是否能在死后达成统一。这种“高贵的沉默”存在两种解释：理论上的解释，是圆满不具备思想和见解；实践上的解释，是因为揭示本质内容不能成就真实的极乐人生。两种解释相辅相成，构成了事实：谁若把存在之物当成思想的对象，那就把它引入了分裂，使它成为“它”的世界的对照物，而在“它”的世界中，不可能有极乐人生存在。“哦，诸位僧侣，若灵魂和身体同为一体，则不存在极乐人生；若灵魂为此，身体为彼，依然不存在极乐人生。”无论是在亲眼所见的隐秘还是亲历的现实之中，起支配作用的不是“就是这样”或“不是这样”，也不是“存在”和“不存在”，而是“这样又那样”“既存在又不存在”这一对对不可拆分的整体。获得福佑的根本前提，却与这一不可分割的秘密相互对立。佛陀自然明白这一切，与众多的明师一样，他不会给出意见，只会为我们指明道路。他只反驳了一种“愚人”之见：无为，无过，无力，即可上道。他只提出了一种关键的见解：“诸位僧侣，未生、未成、未创、未造，此四者皆有存在。”因为如果它们不存在，目标也便不存在；只有它们存在，道路才有目标。

我们既忠于相遇的事实，就只能追随佛陀至此，再往前一步，就是对生活事实的背叛。因为我们并非在自己身上发现了事实和真理，它们本就存在，并被分派给了我们。从中我们可知，如果这个目标只是众多目标之一，那它就不是我们的目标；如果它便是唯一目标，那这种说法必然有误。此外，如果这个目标只是众多目标之一，那道路可能通向它；如果它便是唯一目标，那道路只能不断接近于它。

佛陀将目标定义为“消除苦难”，即生而复死，从生死轮回中得到救赎。“从今往后，再无轮回”，唯有如此，才能从对生活的贪恋和不断的再生之中解脱开来。我们不知道世上是否有轮回存在。我们不会把时间维度拓展到此生之外，也不会尝试揭露此生的期限和法则。但假如我们确知有轮回存在，我们既不会逃避，也不会贪恋生活，只会努力地在每一场生活中用它的方式和语言说出短暂易逝的永恒的“我”和永生不灭的永恒的“你”。

佛陀能否将我们引向摆脱轮回的目标，我们不得而知。但他肯定能把我们引向一个中途目标，而这也与我们相关：那就是灵魂的统一。但他指引的这条道路不仅绕过了“观念的灌木丛”（这确有必要），还要绕开“形象的欺骗”——对我们而言，这绝不是欺骗，而是真切可靠的世界（尽管人的观念确有众多主观的矛盾之处，但在我们看来，它们也属于现实）。这条道路也是在逃避，当他叫我们觉察身体的变化过程时，所说的其实并不是我们通常意义上的内省。他没有指引统一的本质再进一步，张口说“你”，尽管它已经近在眼前。他叫人进入内心最深处的决定，其实扼杀了说“你”的可能。

从佛陀与弟子交往过程中所表现出的深思熟虑和直截了当来看，他当然懂得如何对人说“你”，只是没有传授这一点。因为人与人之间的简单对视，对于“将万物纳入胸怀”的大爱来说是陌生的。在沉默的深处，他当然比那些被他视作弟子的“佛徒”更明白说“你”的根本原因。他的行为源自已成为实体的关系过程，也是对“你”的回应，但他却对此三缄其口。

可他那些人间信徒所信奉的“大乘佛教”却彻底背叛了他。他们以佛陀的名义与人类永恒的“你”对话。他们把他奉作世间的最后一位佛陀，指望他降临人世，完成大爱。

所有的“自我沉思说”，都建立在蜷缩于人类心中的巨大精神幻想之上，认为精神存在于人身上。实际上，精神应当存在于人和“你”之间。如果蜷缩的精神否认了它的关系意义，那它就必须通过赋予世界和上帝灵魂，把所有不属于人的事物归入人的范畴之中。这就是精神的灵魂幻想。

佛陀说：“朋友，我这苦行僧人的血肉之躯里住着整个世界，世界在此存灭，灭亡世界的道路也存于此间。”

此言不虚，但最终它也将不再符合事实。

显然，世界只能作为一种想象“住”在我的身体里，就像我作为物体生活在世界上一样。但正是因此，它其实并不存在于我体内，正如我其实不存在于世界之中。“它”和“我”相互将对方包含在内。这种思维矛盾中蕴含着“它”的关系，如果它被“你”的关系取而代之，矛盾就不会出现了；“我”只有与世界脱离，才能与它产生联系。

没能被包含在世界之中的“自我”，依然存于“我”的身上；没能被包含在想象之中的“存在”，也依然处于世界之内。后者并非可想象的“意志”，而是世界的自身表现；前者并非“有认识的主体”，而是“我”的自身表现。到了此处，我们已经无法再继续“倒推”了：谁若不尊重这最后的统一，就是在歪曲理解意义而非概念意义。

世界的存灭既不在“我”心中，也不在“我”之外。它根本就不存在，只能反复发生，它的发生也与我相关，与我的生活、我的决定、我的劳动和我的侍奉相关，取决于我的生活、我的决定、我的劳动和我的侍奉。但它与我在灵魂中“承认”或“否认”世界无关，而仅取决于我如何使自己对世界的灵魂态度成为生活，成为受世界影响的生活，成为现实的生活——而在现实的生活之中，截然不同的灵魂态度也能相互交错，汇聚成一条条道路。那些只是在灵魂中完成和“体验”态度的人，无论其思想如何丰富，都毫无价值可言——所有与此相关的游戏、技艺、陶醉和神秘，都触不到世界的边角。只要人仍在自我中实现救赎，那就无法给世界带来任何爱恨，因为他与世界无关。只有信仰世界的人，才能与它产生关联，这样做的人，也不可能离开上帝独存于世。让我们爱戴这真实的世界，它或许阴森可怖，但绝不会灭亡。让我们勇敢地伸出精神的手臂拥抱它，我们的手终将被上帝之手牵起。

我认为世上不存在让人远离上帝的“世界”和“世间生活”，这样的生活，只能是处于异化的“它”的世界中的生活，是感知和使用的生活。真心走向世界的人，必然会与上帝相遇。自我统一和迈步前行，都是必要的行为，其实也是一回事。

上帝包容宇宙，却并非宇宙；同理，上帝包容我的自我，却并非我的自我。正是因为这难以言说的奥秘，我才得以用我的语言说“你”，正如他人都在用各自的语言说“你”；正是因此，才有了“我”和“你”，才有了对话，才有了语言，才有了以语言为原始行为的精神，才有了永恒的基本词汇。

人的“宗教”状况和他在现时中的存在，表现为本质化和不可解的自相矛盾。这种自相矛盾的不可解性，正是它的本质所在。谁若同意正题而否认反题，也就伤害了这种状况的意义；谁若想综合正题和反题，就是在毁灭这种状况。谁若想把这种自相矛盾相对化，也是在否认这种状况的意义。谁若不是用生命去澄清这种自相矛盾的冲突，也就违背了这种状况的意义。这种状况的意义在于，它可以也仅能在自相矛盾中一再以全新、不可预见、无所预想、无可约束的方式被体会。

只需把宗教上的自相矛盾和哲学上的自相矛盾进行比

较，就能说明这一点。康德把必然性和自由之间的矛盾相对化，认为前者属于现象世界，后者属于存在世界，所以两者实际上不再对立，而是像各自所处的世界一样相互调和。可如果我不把必然性和自由放在想象的世界之中，而是把它放在“我站在上帝对面”的真实世界之中，如果我既清楚“我被托付给了他”，又明白“他向我走来”，那就不能通过给这两个水火不容的概念分派不同的适用领域来回避矛盾性，也不能指望借助神学诀窍使这两个概念和解。我必须把两者当作一者来体验，而在我的体验之中，两者也确实如一。

动物的眼睛可以表达丰富的语言。它们无需借助声音和表情，只需专注于眼神，就能以最具表现力的方式道出自然约束的秘密和进化的忧虑。这些秘密只有动物才知晓，只有它们才可以向我们揭示这些秘密——这些秘密只能被揭示，不能被公开。它们所用的语言就是忧虑，这也是动物介于植物的安定和精神的冒险之间的活动。这种语言，是自然第一次接触精神时结巴的表现。那时候，自然还没有迈出无比勇敢的一步，没能造就人类。然而，没有任何言语可以再现自然结巴时想要表达的内容。

有时，我会盯着家猫的双眼。这类被驯化的动物，并非像我们所臆想的那样，从人类这儿获得了“会说话的眼睛”；相反，它牺牲了最根本的自由，才把目光转向了我们这些残忍的人。这样一来，在它目光的黎明和日出之中，出现了惊讶和质询，而这是最为原始的忧虑目光所没有的。在我目光的影响之下，它的眼睛也开始闪闪发光，像是在质问："你是在指我吗？你真的只是想让我给你带去点快乐吗？我跟你有关系吗？我是为了你而在这儿的吗？我在这儿吗？你那儿传来了什么？我周围出现了什么？我身上有什么？这是什么？！"（在这儿，"我"指代无"我"的自我称谓，但这样的词在我们的语言中并不存在，"这"其实是人的目光和由此迸发出的实在的关系力量。）这就是动物的目光和语言的忧虑，它冉冉升起，但很快便悄然落下。我的目光显然更加持久，但它也不再是能迸发出力量的目光了。

关系过程刚刚被引入，便很快遭到终结。最初，动物和"我"都处于"它"的世界之中，有那么一瞬间，"你"的世界从地底发出万丈光芒，接着，一切又恢复了原状。

为了更好地解释精神不易察觉的日出日落所代表的语言，我再介绍一些自己反复得到的微妙体会。单独的"你"沦为"它"的命运进程，乃是我们命运中最为崇高的忧郁；所有本质关系的现在性是稍纵即逝，我还从未在别的地方有过如此深刻的体会。通常，在早晨和晚上之间总有白天，虽然它其实也十分短暂；但在这儿，晚上几乎紧接早晨出现，明亮的“你”一闪即逝。在那一瞬间，我和动物是否真的摆脱了“它”的世界的重负呢？我或许还能继续思考这个问题，动物在目光凝滞之后，却很快回到了那种没有语言，也几乎没有记忆的忧虑状态。

“它”的世界如此强大有力，“你”的世界如此柔弱易逝！

光凭这星火之光，无法突破物性的坚硬外壳。哦，这些发光的微粒！在看到了它们之后，我方才醒悟“我”并不在我体内，却在我体内与“你”产生了联系。关系只能出现在我体内，而非我和你之间。可如果有一样生机勃勃的事物从物堆中升起，作为本质出现在我面前，向我靠近，与我说话，它不是“你”又能是什么呢？只可惜它太过短暂。不过，必然消失的不是关系本身，而是它直接的现在性。爱本身不能在直接的关系中停留，却可以在现在和潜伏的交替中长存。世上的每一个“你”受其本质影响，都必然会成为我们眼中的物，或者反复进入物的状态。

仅在包容一切的关系中，潜伏也是现在。只有一个“你”，其本质就决定了它永远是我们的“你”。那些了解上帝的人，也了解上帝的遥不可及和折磨惶恐不安的心灵的那种贫瘠感，但上帝依然无处不在，唯有我们并非永远在场。

热爱新生的人，总是正确地称它为“她”，偶尔也称它为“您”；看到天堂的人，出于表达的需要称它为“他”，其实心中明知并非如此。无论人将上帝称作“他”还是“它”，都只是一种比喻。唯有当我们对他说“你”时，才道出了尘世间永恒不灭的真理。

世上每一层真实关系都是唯一的，若有他者侵入其中，就破坏了它的唯一性。唯有在与上帝的关系中，无条件的唯一性和无条件的包容性才合为一体，囊括了整个宇宙。

世上每一层真实关系都基于个体性，这是它的幸福之源，因为只有这样人与人之间的差别才能得到认可；这却也是它的局限所在，因为这样一来，世上便不存在完全认知和被完全认知。但在圆满的关系中，我的“你”也包括了我的自我，虽然它并非我的自我。由此，我有限的认知融入到了无限的被认知之中。

世上每一层真实关系都必须在现在和潜伏之间反复交替，每一个单独的“你”都必须变为“它”，才能重新破茧成蝶，振翅腾飞。但在纯粹的关系之中，潜伏只是现在的休息，“你”永远出现在其间。本质决定了永恒的“你”一贯如此，唯有我们的本质迫使我们将其拉入“它”的世界和“它”的言语之中。

“它”的世界与空间和时间相关。

“你”的世界与空间和时间无关。

它们的联系在于中心，延长的关系线在永恒的“你”这儿交会。

在纯粹关系的特权之下，“它”的世界的特权被彻底废除。借助这股力量，“你”的世界得以持续存在：单独的关系瞬间结合成了联合的世间生活。借助这股力量，“你”的世界得到了创造力：精神得以穿越和改变“它”的世界。借助这股力量，我们才没有在世界的异化、“我”的脱离现实和妖魔鬼怪的统治之下自乱阵脚。皈依就是重新认识中心的转向过程。在这种本质行为中，人类已被掩埋的关系力量重新迸发，来自所有关系维度的波浪如洪流般涌来，让我们的世界焕发了新生。

或许重获新生的不只是我们的世界。因为从元宇宙的层面看，世界作为一个整体，也与非世界存在联系；双重性的原始形式，在人身上表现为态度、基本词汇和世界观的双重性。从中，我们可以观察到双向的运动：通过离开原始基质，宇宙在变化中得以产生；通过回归原始基质，宇宙在存在之中获得救赎。在命运的安排下，两者都在时间之中展开，在超越时间的造物之中得以永存。造物是一个难以捉摸的过程，它既是解脱，也是保存，既是释放，也是联系。在原始的隐秘面前，我们对双重性的认识只能默不作声。

关系的世界有三重维度。

其一：与自然共处。这层关系难为言语所尽。

其二：与人类共处。这层关系容易言说。

其三：与精神本质共处。这层关系缄默无言，却能引出妙语。

在每个维度、每个关系行为中，在任何出现在我们眼前的事物中，我们都能眺望到“你”的身影，听到它的衣袂飘动之声。每次说“你”，我们都在某个维度中以其特有的方式与永恒的“你”对话。所有的维度都包含在它之中，而它却不属于任何维度。

现在的光辉穿透了所有维度。

我们却能让每个维度失去现在性。

与自然共处时，我们可以获得“物理”世界，也即密度世界；与人类共处时，我们可以获得“心理”世界，也即感官世界；与精神本质共处时，我们可以获得“思维”世界，也即通用世界。现在，虽然我们赋予了它们耀眼的名称——苍穹、大爱、理性，它们依然失去了透明性和意义，沦为了使用的对象，变得晦暗不明。实际上，人只有以宇宙为家，在神圣的祭坛上供奉祭祀，才能拥有苍穹；只有把本质当成永恒的化身，把与其共处视作上帝的启示，才能享受大爱；只有用对精神的创作和服侍言说秘密，才能获得理性。

形象渴求的沉默、人类爱恋的话语和众生启迪的寂静，三者皆是通往“你”之现在的入口。

可一旦圆满的相遇得以发生，这三个入口便汇聚成了通往现实生活的大门。自己经由哪个入口而来，你完全不得而知。

在三重维度之中，与人类共处尤为引人注目。在谈话和交流之中，语言实现了它的效果。仅在此间，话语得以与回答相逢。仅在此间，基本词汇以同样的面貌来回游走，它既是一番讲述，也是一番回应，“我”和“你”不只处于关系之中，还有着固定的“说辞”。仅在此间，关系的时刻沉浸于语言之中，并通过这一要素相互联合。在这里，相遇成就了“你”的现实绽放。也唯有在此，看与被看、认识与被认识、爱与被爱才是不会消散的现实。

这一维度才是主要入口，它的大门朝四面敞开，两个次要入口也与它相连。

“夫妻若心心相印，便能受到上苍的眷顾。”

人与人之间的关系，其实与人与上帝之间的关系相似：真实的话语，只能得到真实的回答。只不过在上帝的回答中，一切乃至宇宙皆可作为语言。

——难道孤独不也是入口之一吗？人在孤寂静谧之

中，不也常有意外的彻悟？与自己交流，有没有可能变成与隐秘交流呢？没错，不属于任何本质的事物，方才有资格与本质相遇。新神学家圣西默盎（Symeon der Neue Theologe）曾如此深情呼唤他的上帝："来吧，孤独者，且来与孤独者同聚。"

——孤寂因其目的的不同，可分为两类。如果孤寂旨在脱离对事物的感知和使用，那人必须时刻利用它的帮助，才能实现（即便不是最高的）关系行为。如果孤寂旨在否认关系，那我们需得明白：那些对众生说出真正的"你"却遭其抛弃的人，而非抛弃众生的人，才会得到上帝的眷顾。那些心存贪念、钻营利用的人，必会为众生所拘役；那些生活在现在的力量之中的人，只会与众生相联合。唯有联合之人，才做好了面对上帝的准备，因为只有他能用人的现在面对上帝的现在。

孤寂因其功用的不同，也可分为两类。如果孤寂是涤净灵魂的场所，那无论是对那些即将走向上帝的联合之人，还是对那些正身处考验之中、在不可避免的失败和得道高升之间徘徊的人来说，它都是必要的存在。如果孤寂是与世隔绝的堡垒，人在其中自言自语，不为即将到来的相遇进行准备，而是对着灵魂的华彩孤芳自赏，那这就是精神堕落为智慧的表现。人若跌入深渊的最低谷，甚至会幻想上帝就在他自己体内，而他正在与上帝对话。然而，虽然上帝一直在我们周围，在我们的心中，但却绝不会在我们的体内。只有当我们的体内不再作响时，我们才能与上帝对话。

一位现代哲学家认为，每个人都必然信仰上帝或“偶像”，也即某一种有限的物体，如他的国家、艺术、权力、知识、金钱和“美色的一再诱惑”。对人而言，这件物体代表了绝对的价值，它介于人和上帝之间。我们只需向它证明这件物体的有限性，“打碎”他的偶像，原本误入歧途的宗教行为就能回归正轨，回到合适的对象上来。

这一观点的前提是人与被其“偶像化”的物体之间的关系在本质上与其和上帝的关系相同，只是对象有所不同，唯有如此，正确的对象才能简单代替错误的对象。但某样“特殊的事物”若能与人产生联系，让其误以为这便是生活的最高价值，从而把永恒排除在外，那它必然基于对“它”、对某个事物和某个享乐对象的感知和使用。唯有这样的联系，才能用迷雾重重的“它”的世界，将上帝隔离在视野之外。唯有说“你”的关系，才能重新拨云开雾。那些占有、保留偶像，并被占有欲冲昏头脑的人，根本无法接近上帝。唯有皈依一途，才能扭转这种局面，但皈依不只是目的的改变，还有行为方式的改变。要挽救对偶像着魔之人，必须唤醒和培养他们的联合意识，而不是诱使他们转而对上帝着魔。即便着魔之人不再呼喊魔鬼或扭曲的邪恶本质的名字，转而高呼上帝，那又有什么意义呢？这只能是他渎圣的开始。若一个人在祭坛后的偶像崩塌之后，转手就将被玷污的祭品献给上帝，那这只能是一种亵渎。

一个人深爱一个女人，让她的生命出现在了自己的生命之中，她眼中的“你”也能让那个人瞥见永恒的“你”的光辉。那些贪恋“美色的一再诱惑”的人，难道能指望永恒的幻象阻隔他们的肉欲？那些在无尽的命运中尽心侍奉人民、为其殚精竭虑的人，其实也在侍奉上帝。那些把国家当成偶像、唯其马首是瞻之人，只是想借助国家的威望提升自己的形象，莫非你们以为只要破坏了他们对国家的兴致，就能让他们看到真理？至于那些把有形的非本质之物——金钱当成上帝崇拜的人呢？攫取和收藏财富所带来的欢乐，又怎能与现在之人的出现所带来的快乐相同呢？那些金钱的奴隶，能够对着钱说“你”吗？如果他不知道如何说“你”，又怎能接近上帝？他不能同时侍奉两个主人，即便是先侍奉一个，再侍奉另一个人也不行。他必须学会以不同的方式进行侍奉。

那些经由替代回心转意的人，只“拥有”一种被他们称作上帝的幻象。上帝作为永恒的现在，绝不会被任何人“拥有”。那些自以为坐拥上帝的着魔之人，是多么可悲啊！

人们称那些不与世界和本质产生任何联系的人为“宗教人”，因为源自他们内心的力量已经超越了外来的社会等级。但社会这一概念有着两种截然不同的内涵：它既指建立在关系基础上的共同体，又指毫无关系基础的人群的集合——这也是现代人日益与关系疏离的真实写照。人若从后一种“社会性”的地牢被解放出来，就会走向光明的共同体，成就这一切的力量，正是成就人和上帝关系的力量。但是，人与上帝的关系并不是众多关系中的一种，它是无所不在的关系，一股股洪流从此奔涌而出，永不枯竭。谁会在大海和洪流之间划清边界呢？一股洪流从“我”流向“你”，它也是现实生活无边无际的洪流。人无法将生活一分为二，一面与上帝保持真实的关系，一面与世界保持不真实的“我－你”联系，一面真诚地向上帝祈祷，一面对世界穷加利用。谁若想利用世界，就只会以同样的方式利用上帝。他的祈祷，无非是一种推卸罪责的方式，也只能传入虚无之耳。真正目无神明的人，不是“无神论者”，而是他这样的人，因为无神论者尚且会在深夜透过自己的窗户对无名者诉说自己的思慕。

还有人说，“宗教人”以独行者和分离者的面貌出现在上帝面前，因为他已经超越了对世界负有义务和责任的“道德人”阶段。后者还需为行动者的行为承担责任，因为他完全受到“存在”和“应该存在”这组对立关系的影响，只得以几近荒唐的牺牲勇气，将自己的心撕成一块块碎片，去填充两者间难以弥补的鸿沟。“宗教人”却诞生于世界和上帝的对立关系之中，此处的最高戒律，是摆脱责任感和自我要求所造成的不安；此处没有自我意志，只有顺势而为，所有的“应该”都融入到无条件的“存在”之中。世界依然存在,但已经形同虚设;人在世间各行其责，但这种责任没有任何约束力，所有的行动都毫无意义可言。这样的言论，简直与臆想无异，好比在说：上帝创造世界，只为让它成为一个幻象；上帝创造人类，只为让他们在世间踉跄。那些得以瞻仰圣容的人，或许确已超越了责任和义务，但这并非因为他们远离世界，而是因为他们真切地向世界靠拢。人只会对陌生人产生责任感和义务感，在熟悉的人面前，我们表现得亲切温柔，乐善好施。那些得睹圣容的人，有着充盈的现在，在永恒之光的照耀之下，世界也变得更具现在性，他也得以对所有本质的本质说出“你”。于是，世界和上帝不再对立，现实也得到了统一。人并非脱离了责任：他只是用有限者的痛苦换取了无限者的澎湃力量，并依然在探寻着这一行为的影响；他只是用难料的世事和面对上帝时感受到的世界联系换取了爱的责任力量。当然，他的确把道德的评判永远放在了一边：“恶人”只是亟须他为之承担更多责任、贡献更多关爱的弱者。不过，人必须自发地反复练习决定的过程，至死方休，才能让冷静的“反复决定”成为正确的举动。这种举动并非微不足道，它有主见，有担当，有用场，也是造物的一部分。只不过，这种举动不再是世界的负担，它伴随着世界成长，就像根本无所作为一样。

什么是永恒？它可是出现在此时此刻、被我们称作“启示”的原始现象？人从至高无上的相遇时刻归来之后，他不再是从前的自己——这即是永恒。相遇的时刻不是一种刺激心灵的圆满“经历”：人的确也要发生改变。人有时会感受到一阵气息，有时会经历一场角斗，但无论如何，变化总会产生。完成了纯粹关系的本质行为后，人的本质得到了提升和扩展，他从前对此一无所知，也说不出其来源。科学的世界观导向习惯于对新事物的来源刨根问底，力求严丝合缝地展现其因果，无论是下意识[1]还是心理装置，都不适用于我们这些只想真切地观察现实的人。事实就是，我们感受到了此前未曾感受到的东西，也明白了它就是为我而来。用《圣经》中的话说，就是“守候上帝的人，将会获得力量”。而用更为忠于现实的尼采的话说，那就是“但管受用，勿问来源”。

人在感受，他感受到的不是“内容”，而是现实，一

[1] 此处的下意识指不受意识控制的精神过程，它经常被与弗洛伊德的潜意识，指没有进入意识之中，却决定意识的心理区域概念混淆。

种可以作为力量的现实。这种现实和力量包含三样东西，它们浑然一体，但我们仍可将它们区别看待。首先是所有的真实相遇、接纳和联合，人们说不出它的来源，也不知道自己和谁联合在了一起。如果没有这种联合，生活可能会更为轻松，它使得生活更加沉重，但这是有意义的沉重。其次是以不可言说的方式确认意义的存在。意义必然存在，世间万物皆有意义。我们无需再追问生活的意义，就算追问也得不到答案。你不知该如何揭示它、形容它，也对他毫无概念和印象，但它却比你的感官感受更为确切。或明或暗的意义，究竟对我们有何希冀？它不想被我们阐释——我们也做不到这一点——只想被我们践行。最后，意义并不属于“另外的生活”和彼岸，而只属于此生此世，它也只希望在此生此世得到证明。它可被感受，却不可被感知；它不可被感知，却可被践行。这就是它对我们的希冀。它不想只存在于我们心中，还想被我们传播到世间。意义无法自己传播，无法变成共识和真理；意义的表现也无法被当成理所应当的事物世代相传，它不是成文定规，也不是高悬在众人头顶上的一块令牌。每个人只能用自己的本质和自己的生活去证明其所感受到的意义。正如相遇的方式没有准则一样，相遇的过程也不可能产生准则。人只需承认现在性的存在，就能进入相遇之中；同样，人只需以另一种方式承认现在性的存在，就能从相遇中抽身而退。

人只需把“你”挂在嘴边，就能实现相遇；人在相遇结束之后重返世间，也只需把“你”挂在嘴边。

我们如何生存，在何处生存，由何生存，为何生存，这些都是秘密，也永远只会是秘密。它成为我们的现在，给我们带来启示和福祉。我们“认出”了它，却对它毫无了解，因为任何了解都会有损它的神秘。我们接近上帝，却无法解开他存在的谜题和隐秘。我们感受到了救赎，却没有得到“答案”。无论我们感受到了什么，都不能走到别人面前说：你得了解这个，你得做那个。我们只能走过去践行意义，其实我们也不“理应”这么做，而是“可以”“必须”这么做。

这就是此时此地永恒的启示。我没听说过任何有着不同原始现象的启示，我也不会去相信它。我不相信上帝会自吹自擂、不请自来。启示说：我就在那儿，我就是在那儿的我。启示就是启示，存在就是存在，仅此而已。永恒的力量源泉长流不息，永恒的接触周而复始，永恒的呼唤声声不息，仅此而已。

受其本质决定，永恒的“你”不会变为“它”。因为本质决定了它没有规模和局限，也没有无边的规模和无边的局限；因为本质决定了它不是特征的集合，也不是无数超验特征的集合；因为它既不在世界之中，也不在世界之外；因为它不可被感知，不可被设想；因为在我们说“我相信他存在”的时候，就已经与他擦肩而过了——“他”只是一个比喻，“你”却不然。

尽管如此，我们还是反复把永恒的“你”看作“它”，把上帝看作一样物体——这不是我们独断专行，而是我们的本质所决定的。物化上帝的历史贯穿整个宗教，也为它的宠辱存亡做了最好的注脚。它升华了生活，也毁灭了生活；它背弃生机勃勃的上帝，又去而复返。从现在到形象化、对象化、概念化、分解再到革新的变迁，是一条道路，也是正确的道路。

宗教所传授的知识和规定的言行又从何而来呢？现在人类从启示中感受到的力量，是如何成为“内容”的呢？（一切宗教都基于某种言语、自然或灵魂的启示，准确地说，世上只有启示宗教。）

这个问题存在两层解释。如果我们把人看成单独的个体，将他与历史分开来看，就能得出外在的、心理层面的解释；如果我们把人放入历史之中，则会得出内在的、事实层面的解释，也即发现宗教的原始现象。这两种解释相辅相成，缺一不可。

人渴望拥有上帝，渴望在时空之中持续地拥有上帝。他不满足于以不可言说的方式确认意义的存在，他想把它扩展开来，看作一样可以移动和操控的实体，看作无缝存在于时空之中的连续统一体，好让自己的生活时刻得到保障。

纯粹关系的生活节奏必然在现在和潜伏之间交替，在这个过程中，我们的关系力量和现在性都可能衰减，唯有原始的存在不会发生变化。所以，这种生活节奏无法满足人类对连续统一的渴望。人需要时间的延续，需要让时间经久不衰。所以，上帝成为信仰的对象。信仰原本只是时间中关系行为的补充，后来却逐渐取而代之。原本不断更新的本质行动——自我统一和迈步前行，逐渐被相信“它”的安逸所取代。那些对上帝的遥远和亲近皆有所知的斗士，他们坚定不移的信仰正在蜕变为既得利益者的安全感。他们自恃不会遭遇任何危险，因为上帝不会坐视不管。

纯粹关系的生活节奏，也无法满足人类对连续统一的渴望。“我”在“你”面前是“孤独”的，在把世界引入相遇时，人注定只能以个体的方式走向上帝，与他相遇。人需要空间的延续，需要看到信徒的团体与上帝融为一体。于是，上帝就成了礼拜的对象。同样，祭祀原本也只是关系行为的补充，它把真实的祈祷和说“你”的直接行为放入了鲜明的空间关系之中，使其与感官的生活产生联系；后来，它逐渐取代了关系行为，个人的祈祷被集体的祷告所排挤，不容许任何规则出现的本质行为也逐渐被程序化的礼拜所取代。

事实上，纯粹的关系唯有附身于人生的全部物料之中，才能实现时间和空间的延续。它不能被保存，只能被证明，只能在人生中被践行。人既与上帝产生了关系，就需根据自己的力量和规模，每天都让上帝重新变为现实。只有这样，才能达成真正的连续统一。要让时间经久不衰，就必须把人升华为“你”，让纯粹的关系得以实现，让神圣的基本词汇得以在所有人的口中说响。这样一来，人类生活中的时间也变成了充盈的现实，虽然它依旧不能也不应超越与“它”的联系，但它却受到了关系的实在影响，并借此获得了持续、辉煌的永恒。至高无上的关系产生的那一刻，不是黑夜中划过一道闪电，而是星夜里升起一轮明月。同样，要让空间延续，就必须在人和真正的“你”之间建立关系，必须围绕着中心的“你”划出一个圆圈，把每个从“我”到“你”的关系都包含在内。在这个圆圈中，居首的不是位于边缘的团体，而是象征着人与中心共同关系的半径。唯有它，才能保证人类群体的真实存在。

时间与福佑人生紧密联系，空间与围绕中心展开的群体密不可分。唯有这两者存在，也仅当两者得以延续时，人类的宇宙才会存在和延续。它由永恒的世界材料组成，围绕在看不见的祭坛周围，唯有精神才能发现它的存在。

人与上帝相遇，不是为了研究他，而是为了在世间践行意义。所有的启示也是召唤和使命。可人不但没能实现这一切，还不断回归到启示者身上，他不去研究世界，却研究起了上帝。这一回，站在他对面的不再是“你”，而是被物化了的上帝，也即一个“它”；人把上帝当成“它”来了解和对话。那些贪求自我的人不愿直接体验感受和爱慕，反倒在“我”的身上苦加求索，最后便与真实的过程失之交臂；同样，那些贪求上帝的人（这些人在灵魂上其实与前者如出一辙），不但不去实现上帝的恩赐，反倒在恩赐者的身上苦加求索，最后只会与两者都失之交臂。

领受使命后，上帝就一直与你同在，在使命中漫游的人，总能看到上帝就在眼前，越是忠诚地完成使命，就越能强烈而持续地接近上帝。人无法研究上帝，却能与他交谈。回归上帝，只会把上帝变为对象。这种行为似乎回归本原，实则是背弃上帝的世界运动；同样，领受使命者的行为看似背弃上帝，实则是回归上帝的世界运动。

因为，世上两种元宇宙的根本运动——扩张自我存在和皈依联合状态，都在人与上帝联系的历史之中现出最高的人形，争斗与和解、混合与分离都是它们的精神形式。在皈依中，话语在大地诞生；在自我存在的扩张之中，它化身蝉蛹，变身宗教；在新的皈依之中，它又重新破茧而出，振翅高飞。

主宰这一过程的不是专断，虽然有时人确已深入“它”之中，重新回归“你”的念头遭到压迫，几乎就要绝迹。

宗教所仰仗的强烈启示，其实与无时无处不在的无声启示并无区别。强烈的启示，往往出现在伟大群体诞生和人类时代变革之时，它便是永恒的启示。但启示不会像经由漏斗一样，从接受者的嘴里脱口而出，来到这个世界；它会吸引接受者，抓住他“如此存在”中的一切要素，并与之交融。那些作为“上帝之口”的人，也不只是传声筒。他们不是工具，而是有着自身规律的喉舌，他们在出声的同时，也在改变声音。

不同历史时代之间有着质的差别。当时代趋于成熟之后，人类精神中那些被压抑和掩藏许久的真实元素终于暗自做好了准备，它们蠢蠢欲动，呼之欲出，只需上帝稍加触碰，就能迸发而出。这时出现的启示抓住了所有这些早有准备的元素，它将它们融化，并用它塑造了上帝在世间的新形象。

于是，随着历史的发展和人类元素的变迁，世界和精神之中总有新的区域出现，成为上帝的化身。总有新的空间成为上帝的显灵之所。这并非完全依靠人类的力量，也不是上帝一个人的功劳，而是两者齐心协力的结果。那些受到启示、接受使命的人，把上帝的形象看在眼里，虽然它并非感官所能及，他们却用精神之眼将它看在眼里。“精神的眼力”不是比喻，而是真实的存在。精神也在用注视进行回答，那是一种具有创造性的注视。我们这些凡夫俗子虽然从来不能脱离世界看到上帝，只能在世界之中看到上帝的存在，但却在注视之中创造了上帝永恒的形象。

形象是“你”和“它”的结合。它可以成为信仰和礼拜的对象，但长存其中的关系本质决定了它总会成为现在。唯有当人不使形象脱离上帝时，上帝才会接近他的形象。在真实的祈祷中，礼拜和信仰也得到了统一和净化，成为生机勃勃的关系。既然各大宗教中存在真实的祈祷，就说明它们也是真实的生活；只要真实的祈祷在宗教中存在，宗教就得以延续生命。宗教的堕落意味着祈祷的堕落。随着对象化的加剧，关系力量日益式微，人越来越难倾其未经分割的全部本质说“你”。为了扭转乾坤，人必须放弃错误的安逸，进入无尽的冒险，走出只见庙顶、不见苍穹的群体，进入最后的孤独之中。如果把这种动力称作“主观性”，那就大错特错了：面对圣容的人生才是唯一真实的人生，也是唯一真正“客观”的人生。在虚幻的客观摧毁真实的存在之前，脱离群体的人们必须进入后者，以实现自救。主观性把上帝灵魂化，客观性把上帝对象化，前者错误地强化了上帝，后者错误地脱离了上帝，两者都偏离了现实的道路，却还幻想着取而代之。

唯有当人不使形象脱离上帝时，上帝才会接近他的形象。可如果宗教中自我存在的扩张压制了皈依，上帝的形象脱离了上帝，那它就将失去上帝的容貌，它的嘴唇将会枯死，它的双手将会下垂。上帝不再与它相识，围建在它的祭坛周围的世间居所和人类的宇宙即将崩塌。与此同时，随着真理的消失，人类也将看不到发生的一切。

随后，话语也将开始四分五裂。

话语存在于启示之中，作用于形象的生活之中，也会在消失之物的统治下随波逐流。

存在的话语，现身于“我”与世界重新联合的时代；作用的语言，统治了“我”与世界和睦共处的时代；随波逐流的语言，则出现在脱离现实的时代，出现在“我”与世界关系异化的时代。当灾难在这儿成形，人只能在黑暗中屏住呼吸，不寒而栗，在沉默中潜伏预备。

但这一轨迹不是循环，而是必由之路。在每一场新的永恒之中，灾难都会愈加凶险，皈依也需愈加努力。上帝的显灵越来越近，它越来越靠近介于人之间的区域：靠近处于我们中间、隐藏在人与人之间的王国。这条道路每一次盘旋前行，都伴随着更深的堕落和更彻底的皈依。这个过程，从尘世的角度看叫皈依，从上帝的角度看则叫救赎。

后记

一

在内心的驱使下，我（于四十多年前）写下本书的初稿。一种年少时便不断萦绕在我心头的看法，在经历了多年的沉寂之后，终于变得再为清晰不过。这显然已经超越了我个人的范畴，所以我当即决定，将它如实记录下来。在我找到合适的语句之后，该书也得以最终定稿[1]。此后，我又在合适的地点，以适当的方式对该书进行了补充。随后发表的几篇短文[2]，或通过举例，或通过反驳种种质疑，或通过批判一些观点，阐述了我的一些想法。我批判的这些观点，或许有着重要的意义，但却与我的中心思想“人与上帝的关系和人际关系之间有着紧密联系”并无太大关联。后来，我又从人类学基础[3]和社会学影响[4]层面对

[1] 该书于 1923 年出版。

[2]《对话——论对话人生》（1929 年第一版，新版 1978 年于海德堡出版），另载于：《对话原则》，海德堡，1979 年。《个体的问题》（1936 年），重印于：《对话原则》，海德堡，1979 年。《论教育》（1926 年第一版），载于：《关于教育的谈话》，海德堡，1953 年。《人的问题》（1942 年，原文为希伯来语），第五修订版，海德堡，1982 年。

[3]《原始距离和关系》（1950 年第一版），第四修订版，海德堡，1978 年。（哲学人类学文丛第一卷）（修订补充正文，新增附录）

[4]《人际间的要素》（1954 年），载于：《对话原则》，海德堡，1979 年。

其做了进一步补充。尽管如此，仍有一些问题未能得到足够的澄清。时常有读者向我询问某一处的意思。长时间以来，我一直逐一回复读者的问询。但慢慢我发现，一来自己已不堪重负，二来我也不应仅与那些向我发问的读者保持对话关系——或许，那些保持沉默的读者，才更值得我去特别关注。所以，我必须公开做出回应，首先便是解答一些在意义上存在相互关联的根本性问题。

二

第一个问题准确地说是这样的：如果像书中所说的那样，我们不仅与他人，还能与自然界中的生灵和物体保持“我－你”关系，那这两者之间又有何区别呢？或者更准确地说：如果“我－你”关系取决于“我”和“你”双方事实上的相互作用，那人与自然事物之间的关系又该如何被理解成这样一种关系呢？说得再精确一些：如果我们认为作为“你”与我们相遇的自然界中的生灵和物体也可与我们产生相互作用，那这种相互性具有什么特征？是什么允许我们把基本概念运用到这层关系上呢？

这个问题显然没有固定的答案。这里，我们不能像平时那样把自然看作一个整体，而要单独考察它的各个方面。人曾经“驯服”过动物，并且至今还保留了施加这种影响的能力。人把动物纳入了自己的生活范围，促使它们以最为根本的方式接受他这个陌生人，“彻底接受他”。动物总会对人的接近和他的话语做出积极的、惊人的回应，而且人与动物之间的关系越接近于说“你”，这种回应就越是直接和强烈。动物同孩子一样，时常能看透虚情假意。即便是在驯养的范畴之外，人与动物之间有时也会产生类似的接触：有些人受其本性影响，天生就有跟动物为伴的潜能——这些人并非具有“兽性”，而是亲近自然，智慧过人。

动物与人不同，不具有两重性。虽然它们既可以与其他生物交往，也可以观察对象，却不了解“我－你”和“我－它”这两组基本词汇的差别。我们可以说，这种双重性在动物身上处于潜伏状态。所以，当我们对生物说“你”时，不妨可以把这一领域称作相互关系的门槛。

在自然界的另一些领域，情况就大不相同了：此处不存在我们与动物所共有的主动性。我们对植物的定义之一，即是它不会对我们的行为做出反应，不会“回答”。但这并不意味着人与植物之间根本没有交互关系存在。当然，这个过程体现不出某一生物个体的行为或态度，但却将存在的交互性本身表现得淋漓尽致。人若只把树当成研究对象，即便目光如炬，也看不到树木鲜明的整体性和统一性；

而在那些对树说“你”的人眼里，只要他在场，树的这些特性就在场。他把自己呈现在了树木面前，于是树木也在他的面前显现。受思维习惯的影响，我们很难注意到在我们行为的作用下，存在之中正有什么东西在向我们闪光。在这一领域中，我们需得毫无偏见地看待呈现在我们面前的现实。这个领域范围广阔，从石块到星辰都被包括在内，我将它称作门槛前区域，也就是跨入门槛前的台阶。

三

下一个问题涉及另一个领域，如果用同样的图像语言来（超验地）形容，那就是“超门槛区”，也即位于门槛上方的门梁：那是精神的区域。

精神也必须被区分成两方面，而且这种区别比自然的区别更为深刻。一方面是已经跟随精神进入世界，并且能被我们感官所感知到的领域，另一方面则是还没有进入世界，但却已经准备好进入其中、与我们见面的领域。这种区别其实很好解释：诸位读者，我可以向你们揭示已经进入世界的精神产物，却无法为你们展示后者。我可以像介绍一个“已经存在的”物件或自然生物一样，向你们介绍已经进入我们共同世界的精神产物，因为它们对你来说是现实的，是可以触及的——对于还没进入世界的精神产物，我却无能为力。如果还有人要问我这个边缘区域的相互关系该去哪儿寻找，那我只能间接暗示他注意人生中某些特定的、难以形容的过程，指望精神能与它们相遇；最后，如果这还不够，那我只能恳求诸位从自己的隐秘中寻找证据，这些隐秘可能遭到了掩埋，但依然可以企及。

现在，就让我们回到“已经存在的”第一个领域。这儿尚可举例说明。

诸位不妨回想一句某位过世的圣贤在千年前所说的名言，并尽可能地用自己的耳朵去捕捉和感受这句名言，想象这位圣贤就站在你身边，正在对你耳提面命。为此，你必须倾尽全部本质，面对这位不存在的说话者和存在的名言，也就是说，在这位死者和生者的面前，你必须拿出说“你”的态度。如果有幸成功（这光有意志和努力还不够，还需反复操练），你便能听到一个声音，这个声音起初还有些模糊，但却与圣贤本人的声音是一致的。而如果你只是把这句名言当成一个对象，那这一切便失去了实现的可能，你无法从中听出任何内容和节奏，你所听到的这番话，无非就是一个不可分割的整体。

但这个例子中出现的还是一个人以及他的言语所给我们的启示。我要表达的意思，却不仅限于人的言语所能造成的影响。所以，我还要补充一个与人无关的例子。与往常一样，这也是一个曾给某些人留下深刻印象的案例，那就是多立克式立柱；只要人们拥有了面对它的能力，并相应有所准备，就随处能见到这样的立柱。我第一次见到它，是在锡拉库萨（Syrakus）一座教堂的外墙边，它嵌入墙中，以如此简洁的外貌展示着它那神秘的原形，使我根本无从观赏和享受它的细节。此时此刻，我所能做的只是在这一人类智慧和劳动的成果面前肃然而立。那么，相互关系的概念就在这儿消失了吗？它只是潜回了黑暗之中，或是化身为具体的事物，它不再抽象，反倒变得明亮而实在。

由此出发，我们再来看那个“尚未存在的”区域，它与“精神本质”紧密相连，也是言语和形式的起源。

每个与精神有过接触，且未将它拒之门外的人，都知道一个基本事实：化为言语和形式的精神，不会未经播种，便出现在人世——他们源自人与他者相遇。与人相遇的不是柏拉图的思想（对此我没有直接的了解，也无法把它当成存在之物理解），而是环绕在我们周围、进入我们心中的精神。这又让我想起了尼采奇特的自白，在谈到“灵感”时，他说：但管受用，勿问来源。总之，人无需追问，只需感恩。

那些接近过精神气息的人，若想将它据为己有，或是想要探知它的来源，那便是在违背自己。如果他把恩赐归功于自己，也便成为背信弃义之徒。

四

我们不妨把与自然相遇和与精神相遇放到一起，重新考察。

有人或许会问，既然“回应”和“呼唤”并非源自我们存在秩序中的自发行动和意识行为，那它们还会出现在我们所生活的人世间吗？它们是否还有别的适用范围，而非只是一个“拟人化”的比喻？这种颇具疑问的“神秘主义”，会不会抹去我们理性认知所划定的必要界限呢？

具有明确和固定结构的“我－你”关系，并不具有神秘性。每个心无偏见、敢于面对它的人，都能对它了若指掌。有时候，我们必须跳出思维定式，才能理解这层关系，但我们不应摒弃决定人类对现实思考的原始准则。如同在自然领域一样，在精神领域中——无论它是在话语和作品中延续生命的精神，还是想要成为话语和生命的精神——我们都应当把对我们的影响理解成存在者的影响。

五

下一个问题不再与相互关系的门槛、门槛前区域和超门槛区相关，它直接涉及相互关系本身，把它视作通往人类存在的大门。

问题是：人与人之间的“我－你”关系如何表现？它总是存在于完整的对立之中吗？它能否一直做到这点，又可否一直如此？它不也同所有与人相关的事物一样，天生就受到人的不完美性和人际相处的内在规律的限制？

第一种阻碍人尽皆知。你日复一日地望向那些需要你帮助的“世人”，却只从他们的眼中看到了陌生的景仰；圣人们一次次徒劳地献出厚礼，最后只能独自忧伤——这一切都告诉你，完整的相互关系并非人际相处所固有。它是一种恩赐，人必须时刻做好接受恩赐的准备，却不能把它的出现视作理所当然。

但也有一些“我－你”关系若想延续，就不能扩展为完整的相互关系。

例如，我曾在后记[1]中详细介绍过真正的教育者与其学徒之间的关系。为了帮助学生以最好的方式实现其本质，教师必须把他视作具有潜在可能性和现在性的特定个

[1]《论教育》，参见第108页注2。

体；更确切地说，教师不能把学生看作众多特性、追求和阻碍的集合，而应该把他视作一个整体给予肯定。这就需要教师把每个学生视作伙伴，在两极关系中与他相遇。为了使这种影响具有意义，教师不仅要从自己的角度出发，还需时刻从学生的角度体会这层关系。他必须采用这种被我称为“包围法”的教育手段。随后，教育在学生身上唤醒了“我－你”关系，学生也会把教师当成某个特定的个体，对他进行肯定。但倘若学生也用起了“包围法”，试图在共同经历中体验教育者的角色，那特殊的教育关系就不复存在了。无论这种“我－你”关系被迫终结，还是被另一种全新的友谊形式所取代，都足以证明特殊的教育关系不能发展成特殊的相互关系。

真正的心理治疗师和病人之间的关系，也同样发人深省，足以作为一个证明相互关系局限性的例子。心理治疗师如果仅满足于“分析”自己的病人，也即从病人的微观心理世界中挖掘出潜意识的要素，并将这一变化所产生的能量用于意识工作，可能只会达到小修小补的效果。在最好的情况下，他可以帮助混乱无章的灵魂略做归类和调整。但这样一来，他就无法完成“令萎缩的‘个人中心’再生”的真正使命了。要实现这一目标，医生必须用伟大的目光找寻潜藏在受难灵魂之中的统一，这就要求医生与病人保持个体与个体间的伙伴关系，而不把后者当成一个研究对象。为了让病人被解放和更新的统一性能够与世界和谐共生，医生必须像教育者一样，不只站在自己的一方看待两极关系，还要发挥想象的力量，站在另一方的立场上去感受自己的言行。同样，如果病人也学会了使用“包围法”，开始站在医生的角度去感受思考，那这种特殊的“治疗”关系便难以为继了。唯有那些既与人相对，又能设身处地思考的人，才能治愈和教化他人。

相互关系的局限性在牧师的身上体现得最为明显。如果教徒也使用“包围法”，便会伤害到神职的神圣和权威。

如果在一种关系中，一方需要有目的地对另一方施加影响，那这其中的“我－你”关系就必然是特殊的、不完整的相互关系。

六

接下来，我们将只讨论一个问题。我们必须这么做，因为这个问题至关重要。

有人问，永恒的“你”如何能同时存在于关系内外？人既尊上帝为“你”，其对他无条件地服从无可动摇，又如何能把其他的“我－你”关系一并包容在内，把它们引向上帝呢？

我们注意到，这个问题质问的不是上帝，而是我们与上帝的关系。但要回答这个问题，我必须先谈谈上帝，因为我们与上帝之间的关系超越了对立，而这又是因为上帝超越了对立。

当然，此处仅讨论与人产生关系的上帝。这种说法其实是矛盾的，准确地说，这是对概念的矛盾使用；或者更准确地说，这是在以矛盾的方式将名词概念和形容词结合到了一起，从而得出了一个不合常理的结果。这种矛盾不能成立，因为解释上帝为何不可或缺的方法有且只有一种。上帝这个概念的内涵将得到革命性的扩展——不过，每当我们受信仰现实的驱使，获取一个概念的内在意义，并将它用于超验的影响之时，这个概念必将经历这样的改变。

虽然埃克哈特这样的神秘主义者把上帝等同于“存在”，柏拉图这样的哲学家又把上帝等同于观念，但每个像我一样认为上帝不是一种原则和观念的人，都会把上帝视作一个人。且不论人们对上帝是否还有别的定义，他们大多会同我一样认为，上帝以其创造、启示和救赎的行为与我们建立了直接关系，也为我们提供了与他建立直接关系的可能。这一点成为我们存在的基础和意义，而它却只可能建立在两个人之间的相互关系之上。赋予上帝人性，显然还不能道出上帝的全部本质，但我们可以也有必要这样说：上帝也是一个人。如果我破例把我对上帝的理解翻译成哲学家斯宾诺莎的语言，那我会说：在上帝的诸多属性中，人类知晓三种，而非斯宾诺莎所说的两种。首先是精神性，被我们称为精神的事物均来源于此；其次是自然性，它体现为我们所了解的自然；最后便是人性，正如我与众生的精神性和自然性都发端于上帝的精神性和自然性一样，我与众生的人性也都发源于上帝的人性。只有这第三种属性——人性才是天生便能被我们直接感知的。

可一联系到大众对人这一概念的理解，问题很快就出现了。有人会说，单一的个体固然有其自主性，但从整体上看，还有众多其他有自主性的个体与其相对。这一点放在上帝身上显然行不通。于是，就有人发明了矛盾的称谓，把上帝当成绝对化的人，也即没有相对个体的人，认为上帝在与我们的直接关系中作为绝对化的人出现。然而，在更深层次的认知面前，这种矛盾也便不攻自破了。

我们不妨说，上帝将它的绝对性带入了他与人的关系之中。服从上帝的人，无需摒弃其他“我－你”关系，他可以把它们带到上帝面前，让它们得到“上帝圣容”的神化。

但是，人切忌把我在此书和随后的几乎所有著作中所宣扬的与上帝的对话视作超乎日常生活之外或之上的事物。上帝对人所说的话，贯穿于人生和周围世界的一切事物之中，它贯穿了我们的生平和历史，也是对你我的指示和要求。每一个事件、每一种状况，都是上帝在用人的语言要求我们坚守不渝、正确抉择。只是我们却常常自以为得不到任何讯息，早早地用蜡堵住了自己的耳朵。

正如上帝的存在无法证明一样，上帝与人之间的相互关系也无法证明。谁若胆敢讨论这个，就必须拿出证据，并让与其对话的人也一并拿出现在或是将来的证据。

1957 年 10 月于耶路撒冷

[全书完]

马丁·布伯

Martin Buber 1878–1965

出生于奥匈帝国维也纳。

哲学家、教育家、翻译家。

影响遍及整个人文学科，

特别是在社会心理学、社会哲学和宗教存在主义领域。

徐 胤

柏林自由大学博士在读。

专门从事“文学与精神分析”方向研究。

已出版译作：

《性学三论》

《精神分析引论》

谢谢。您选择的是一本果麦图书

诚邀关注“果麦文化”微信公众号

我与你

产品经理 | 曹　曼　装帧设计 | 王　易

后期制作 | 陈　杰　出 品 人 | 于　桐

图书在版编目（CIP）数据

我与你 / (德) 马丁·布伯著；徐胤译. -- 天津：天津人民出版社，2018.2

ISBN 978-7-201-12880-1

Ⅰ. ①我… Ⅱ. ①马… ②徐… Ⅲ. ①宗教哲学 - 研究 Ⅳ. ①B920

中国版本图书馆CIP数据核字(2017)第329773号

我与你

WO YU NI

出　　版	天津人民出版社
出 版 人	黄　沛
地　　址	天津市和平区西康路35号康岳大厦
邮政编码	300051
邮购电话	022-23332469
网　　址	http://www.tjrmcbs.com
电子信箱	tjrmcbs@126.com
产品经理	曹　曼
责任编辑	张　璐
特约编辑	秦晓华
装帧设计	王　易
制版印刷	北京旭丰源印刷技术有限公司
经　　销	新华书店
发　　行	果麦文化传媒股份有限公司
开　　本	880*1230毫米 1/32
印　　张	4.25
印　　数	1-8,000
字　　数	80千字
版次印次	2018年2月第1版　2018年2月第1次印刷
定　　价	56.00元